Übersicht über die Arbeitsblätter

1. **Namenwörter (Nomen)** – Einzahl oder Mehrzahl?
2. **Bestimmte und unbestimmte Begleiter (Artikel)**
3. **Namenwörter (Nomen)** – Einzahl und Mehrzahl von Namenwörtern
4. **Namenwörter (Nomen)** – Verkleinerungsformen von Namenwörtern
5. **Namenwörter (Nomen)** – Zusammengesetzte Namenwörter (1)
6. **Namenwörter (Nomen)** – Zusammengesetzte Namenwörter (2)
7. **Namenwörter (Nomen)** – Zusammengesetzte Namenwörter und bestimmte Begleiter (Artikel)
8. **Namenwörter (Nomen)** – Zusammengesetzte Namenwörter und unbestimmte Begleiter (Artikel)
9. **Namenwörter (Nomen)** – Sammelbegriffe (Oberbegriffe) (1)
10. **Namenwörter (Nomen)** – Sammelbegriffe (Oberbegriffe) (2)

11. **Fürwörter – (Pronomen) 1**
12. **Fürwörter – (Pronomen) 2**
13. **Fürwörter – (Pronomen) 3**

14. **Tuwörter (Verben)** – Tuwörter in der Grundform
15. **Tuwörter (Verben)** – Gebeugte Formen der Tuwörter
16. **Tuwörter (Verben)** – Tuwörter in der Vergangenheit
17. **Tuwörter (Verben)** – Gegenwart (Präsens) und 1. Vergangenheit (Präteritum)

18. **Wiewörter (Adjektive)** – Gegenteilige Wiewörter
19. **Wiewörter (Adjektive)** – Zusammengesetzte Wiewörter
20. **Wiewörter (Adjektive)** – Die Steigerungsstufen der Wiewörter
21. **Wiewörter (Adjektive)** – Vergleiche mit Wiewörtern (1)
22. **Wiewörter (Adjektive)** – Vergleiche mit Wiewörtern (2)

23. **Wörter nach Wortarten ordnen**

24. **Wortfamilien** – „tragen", „waschen" und „fein"
25. **Wortfamilien** – „spielen" und verschiedene Wortfamilien
26. **Wortfamilien** – Verschiedene Wortfamilien (1)
27. **Wortfamilien** – Verschiedene Wortfamilien (2)

28. **Gegensatzwörter oder sinnverwandte Wörter?**

29. **Wortfelder** – „lügen"
30. **Wortfelder** – Verschiedene Wortfelder (1)
31. **Wortfelder** – Verschiedene Wortfelder (2)

32. **Wortfamilie oder Wortfeld?**

33. **Ortsangaben und Zeitangaben (1)**
34. **Ortsangaben und Zeitangaben (2)**

35.–51. Lösungen

Namenwörter (Nomen) - Einzahl oder Mehrzahl?

1. Einige Namenwörter (Nomen) sind in den Sätzen fett gedruckt. Stehen diese Namenwörter (Nomen) in der Einzahl oder in der Mehrzahl?

	Auf dem Bauernhof	Ein-zahl	Mehr-zahl
1.	Die **Kühe** grasen friedlich auf der Weide.	16	3
2.	Der **Hund** des Bauern bewacht alle Tiere.	12	27
3.	Die **Schafe** laufen blökend über den Deich.	24	4
4.	Die **Kaninchen** bekommen Löwenzahnblätter zu fressen.	2	11
5.	Kleine **Küken** laufen piepsend über den Hof.	26	23
6.	Ein **Fuchs** schleicht sich in den Hühnerstall.	30	10
7.	Blitzschnell schnappt er sich ein **Huhn**.	20	1
8.	Aus dem **Stall** hört man lautes Gegacker.	5	15
9.	Auch die **Gänse** nebenan fangen an zu schreien.	9	19
10.	Schnell macht sich der Fuchs aus dem **Staub**.	28	6
11.	Zwei **Pferde** werden aus dem Stall geholt.	14	22
12.	Friedlich scheint die **Sonne** am Himmel.	7	29
13.	Die **Bienen** fliegen zu den Blüten des Obstbaumes.	8	13
14.	Der **Bauer** muss noch die Schweine füttern.	17	18
15.	Sie bekommen **Kartoffeln** und Fertigfutter.	21	25

2. Male die Lösungsfelder an.

3. Schreibe die Sätze in dein Heft. Unterstreiche alle Namenwörter (Nomen).

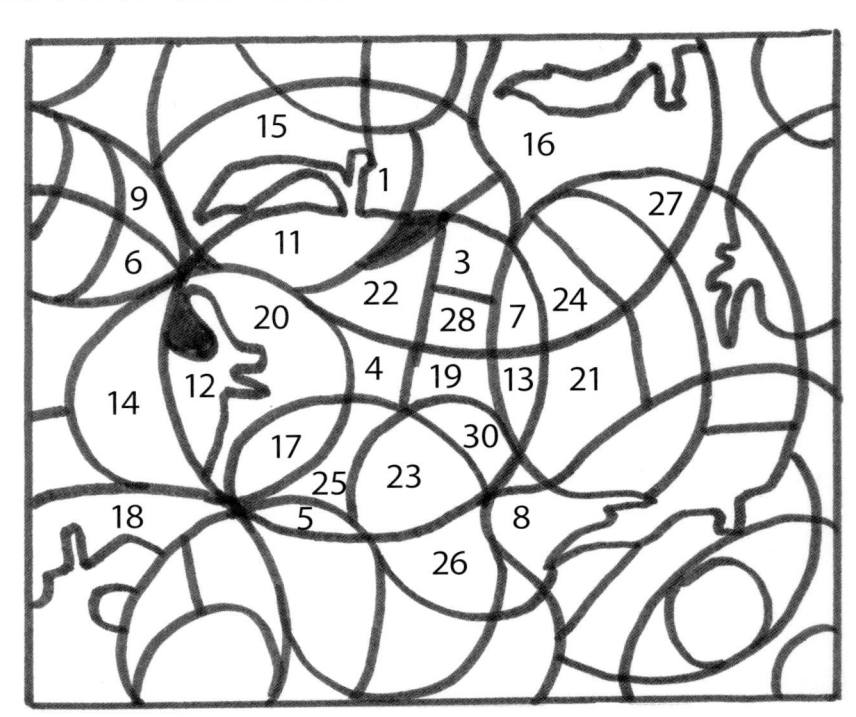

Bestimmte und unbestimmte Begleiter (Artikel)

1. In den Sätzen haben die fett gedruckten Namenwörter (Nomen) einen bestimmten Begleiter. Welche **unbestimmten Begleiter** (Artikel) passen zu diesen Namenwörtern (Nomen)?

	Im Zoo	Ein/ein	Eine/eine
1.	Die Kinder bewundern *die* **Vogelspinne**.	9	2
2.	Im Affenhaus schläft *der* **Gorilla**.	17	22
3.	*Das* **Flusspferd** schwimmt im Wasser.	12	8
4.	*Der* **Seelöwe** bekommt Fische zu fressen.	3	21
5.	*Die* **Giraffe** schaut neugierig über das Gitter.	1	11
6.	Am Baum hängt regungslos *das* **Faultier**.	16	24
7.	Flink klettert *die* **Ziege** den Felsen hinauf.	7	4
8.	*Der* **Saurier** am Eingang ist leider aus Beton.	20	15
9.	Im Aquarium schwimmt *die* **Robbe** im Kreis.	18	5
10.	*Das* **Wildschwein** sucht nach Eicheln.	23	10
11.	Auf einem Ast sitzt *die* **Eule**.	6	13
12.	*Die* **Fledermaus** hängt mit dem Kopf nach unten am Baum.	14	19

2. Male die Lösungsfelder an.

3. Schreibe die Sätze mit unbestimmtem Begleiter ins Heft.
   Unterstreiche **alle** Namenwörter (Nomen).

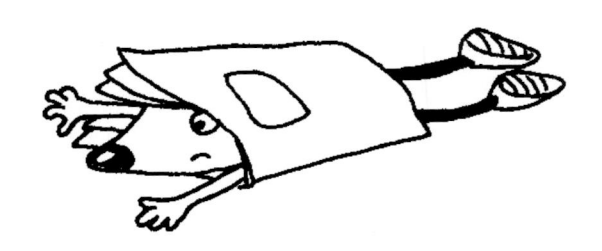

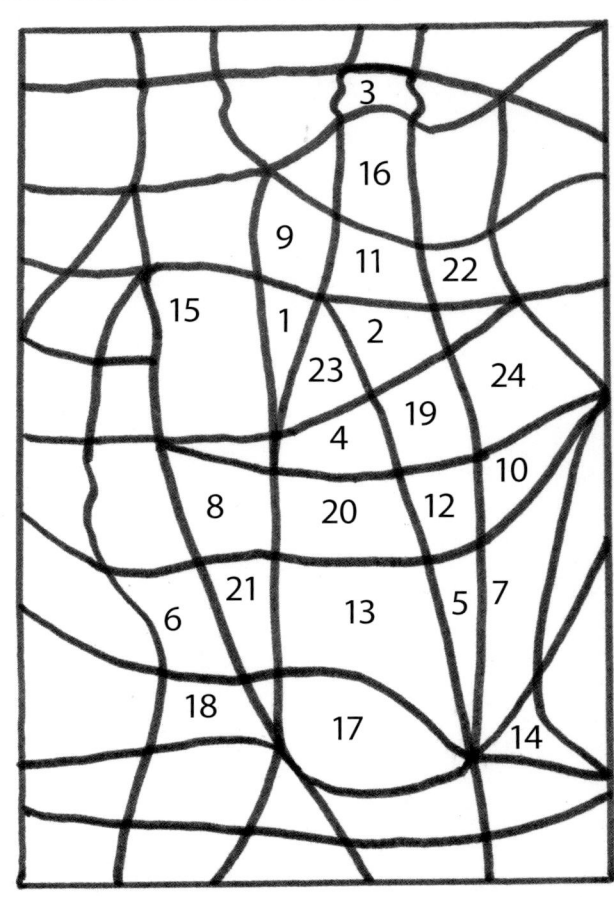

Namenwörter (Nomen) – Einzahl und Mehrzahl von Namenwörtern

1. Welche Nomen haben in der Einzahl und in der Mehrzahl die gleiche Form? Schreibe sie in der Einzahl und in der Mehrzahl auf. Suche das Lösungswort.

				?
Schaukel	O	Dackel	S	
Kern	P	Gewitter	T	
Teller	U	Nummer	A	
Fernseher	B	Vater	D	
Muschel	K	Pudel	E	
Acker	C	Theater	N	
Lehrer	F	Kammer	K	
Nudel	S	Igel	L	
Messer	I	Tochter	L	
Vogel	A	Esel	E	
Gebäude	G	Hexe	D	
Mutter	I	Schalter	E	

Das Lösungswort heißt: ☐☐☐☐☐☐☐☐☐☐☐☐

2. Schreibe die übrigen Wörter in der Einzahl und in der Mehrzahl auf.

_____

_____

_____

_____

_____

Namenwörter (Nomen) – Verkleinerungsformen von Namenwörtern

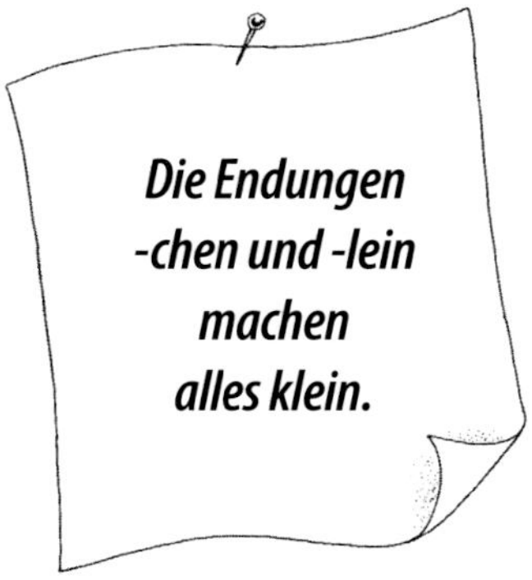

Die Endungen -chen und -lein machen alles klein.

1. Welche Wörter mit „-chen" am Ende sind <u>keine</u> Verkleinerungsformen? Schreibe zu den Wörtern, die Verkleinerungsformen sind, ihre Grundform und die Verkleinerungsform mit „-lein" auf.

Drachen	21	Wörtchen	8	
Töpfchen	12	Kuchen	3	
Verbrechen	24	Früchtchen	10	
Blümchen	2	Zeichen	16	
Flächen	20	Schäfchen	18	
Eichen	23	Stiftchen	1	
Hündchen	9	Rachen	5	
Köpfchen	4	Lachen	13	
Stechen	15	Herrchen	19	
Bänkchen	22	Versprechen	14	
Knochen	7	Füßchen	6	
Lichtchen	17	Sachen	11	

2. Male die Lösungsfelder an.

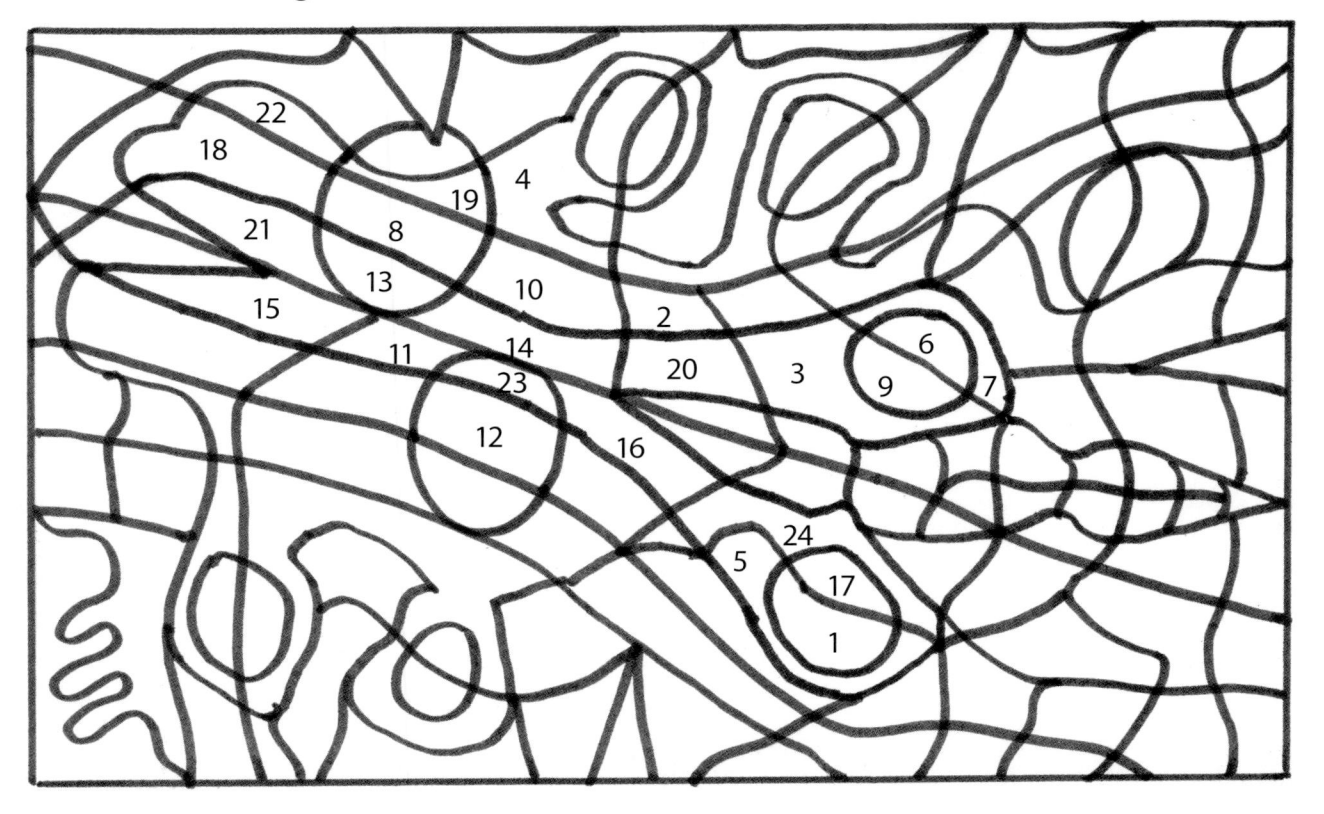

Namenwörter (Nomen) – Zusammengesetzte Namenwörter (1)

1. Verbinde die Wörter und Bilder, die ein zusammengesetztes Namenwort (Nomen) ergeben. Benutze ein Lineal. Jede Linie trifft auf einen Buchstaben. Trage die Buchstaben in die Lösungsfelder ein.

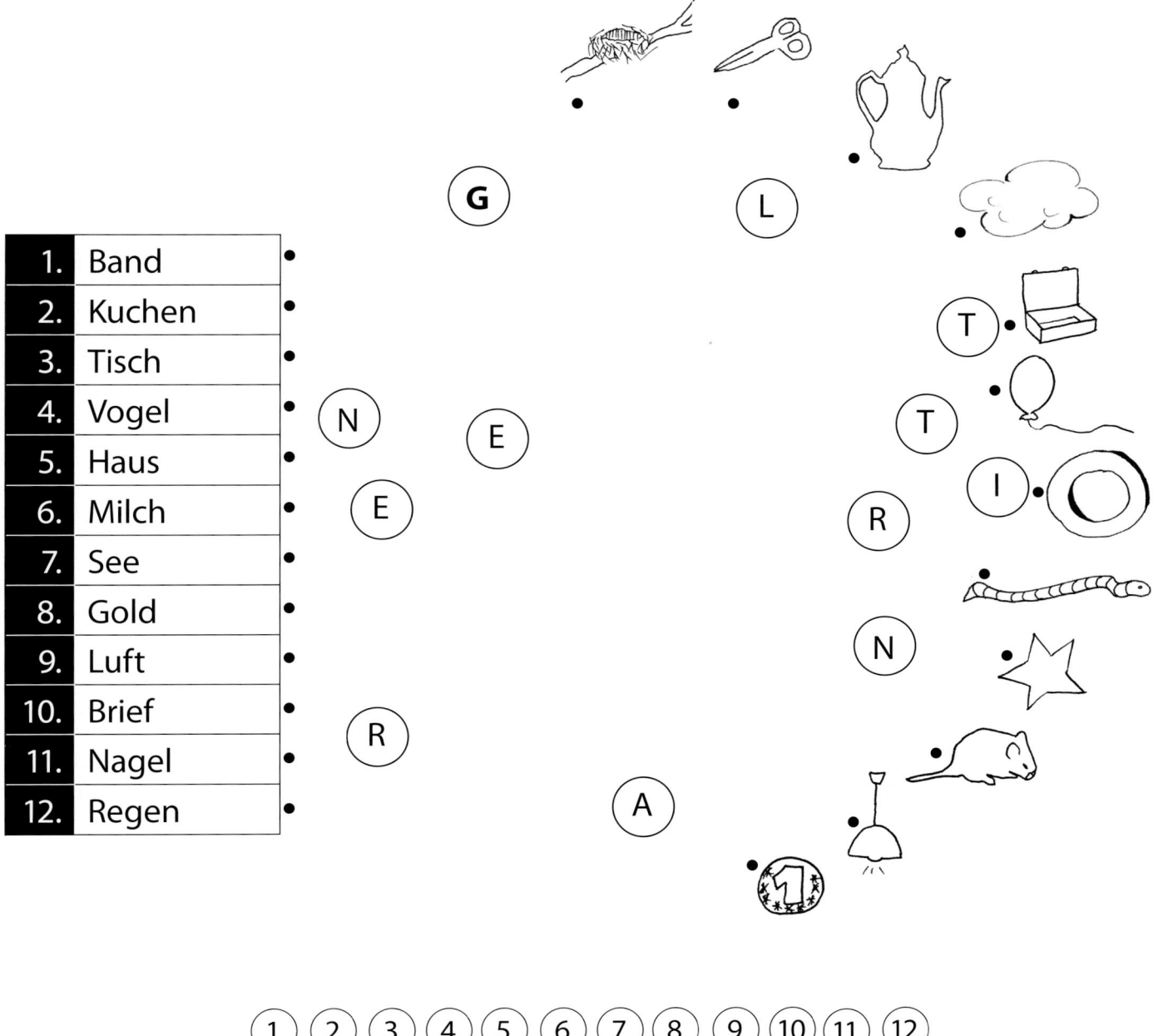

1.	Band
2.	Kuchen
3.	Tisch
4.	Vogel
5.	Haus
6.	Milch
7.	See
8.	Gold
9.	Luft
10.	Brief
11.	Nagel
12.	Regen

Lösungswort: ① ② ③ ④ ⑤ ⑥ ⑦ ⑧ ⑨ ⑩ ⑪ ⑫

2. Schreibe die zusammengesetzten Namenwörter (Nomen) mit ihren Begleitern (Artikeln) in dein Heft.

Die Wörterliste soll dir dabei helfen:
Ballon – Lampe – Nest – Münze – Kanne – Wolke – Maus – Schere – Teller – Stern – Wurm – Kasten.

Namenwörter (Nomen) – Zusammengesetzte Namenwörter (2)

1. Verbinde die Wörter und Bilder, die ein zusammengesetztes Namenwort (Nomen) ergeben. Benutze ein Lineal. Jede Linie trifft auf einen Buchstaben. Trage die Buchstaben in die Lösungsfelder ein.

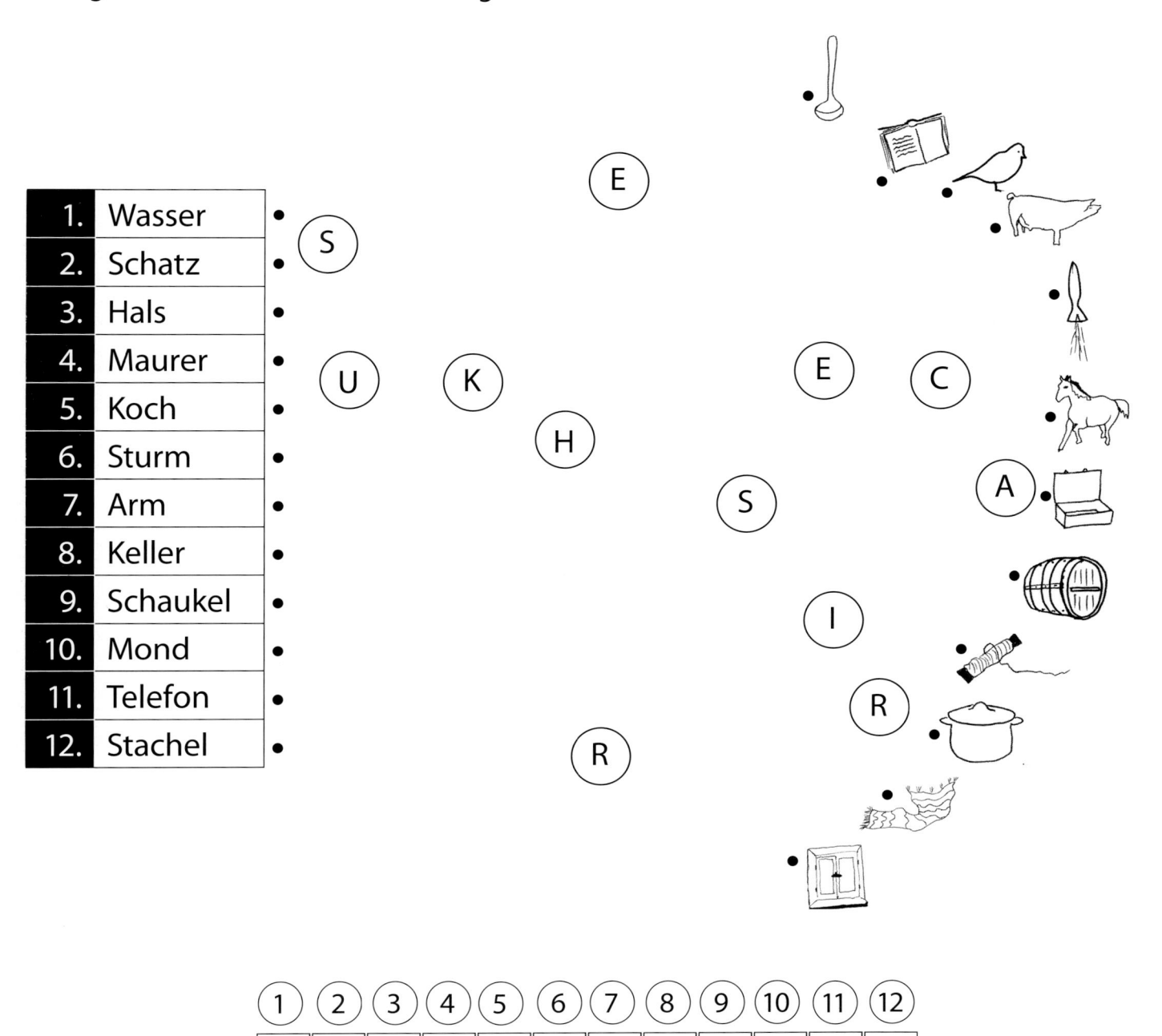

1.	Wasser
2.	Schatz
3.	Hals
4.	Maurer
5.	Koch
6.	Sturm
7.	Arm
8.	Keller
9.	Schaukel
10.	Mond
11.	Telefon
12.	Stachel

Lösungswort: ① ② ③ ④ ⑤ ⑥ ⑦ ⑧ ⑨ ⑩ ⑪ ⑫

2. Schreibe die zusammengesetzten Namenwörter (Nomen) mit ihren Begleitern (Artikeln) in dein Heft.

Die Wörterliste soll dir dabei helfen:

Kiste – Band – Topf – Pferd – Rakete – Buch – Fenster – Kelle – Schwein – Fass – Tuch – Vogel.

Namenwörter (Nomen) – Zusammengesetzte Namenwörter und bestimmte Begleiter (Artikel)

Ordne die zusammengesetzten Namenwörter (Nomen) nach ihren bestimmten Begleitern (Artikeln). Übertrage auch die Buchstaben in die Lösungsspalte und verändere nicht die Reihenfolge!

Hutständer	T	Armband	A	Eisbahn	D
Öllampe	R	Wintertag	O	Volkslied	L
Motorrad	M	Grenzlinie	E	Eierlauf	R
Regenschirm	N	Wegweiser	A	Gaststätte	S
Tennisball	D	Bahnstrecke	D	Flötenspiel	R
Wollmütze	E	Betttuch	O	Ruderboot	S
Parkplatz	O	Fundbüro	E	Müllabfuhr	N

der	?	die	?	das	?

Lösungswörter:

Namenwörter (Nomen) – Zusammengesetzte Namenwörter und unbestimmte Begleiter (Artikel)

Ordne die zusammengesetzten Namenwörter (Nomen) nach ihren unbestimmten Begleitern (Artikeln). Übertrage auch die Buchstaben in die Lösungsspalte und verändere nicht die Reihenfolge.

Waldwiese	E	Laubhaufen	N	Getreideernte	L
Papierstreifen	U	Baumkrone	F	Küchenmesser	D
Dorfkirche	E	Rosenkohl	E	Klassenraum	L
Seifenschale	N	Rübenacker	H	Pausenhalle	B
Kinderlexikon	O	Holzkiste	E	Seidenfaden	L
Futterrübe	I	Kartoffelkäfer	Z	Schulkirche	N

ein | ?

eine | ?

Lösungswörter:

Namenwörter (Nomen) – Sammelbegriffe (Oberbegriffe) (1)

1. Verbinde die Sammelbegriffe auf der linken Seite mit den dazugehörigen Unterbegriffen. Benutze ein Lineal. Jede Linie trifft einen Buchstaben. Trage die Buchstaben in die Lösungsfelder ein. Ergänze die fehlenden Begleiter (Artikel).

Mit Sammelbegriffen kann man mehrere zusammenhängende Dinge bezeichnen.

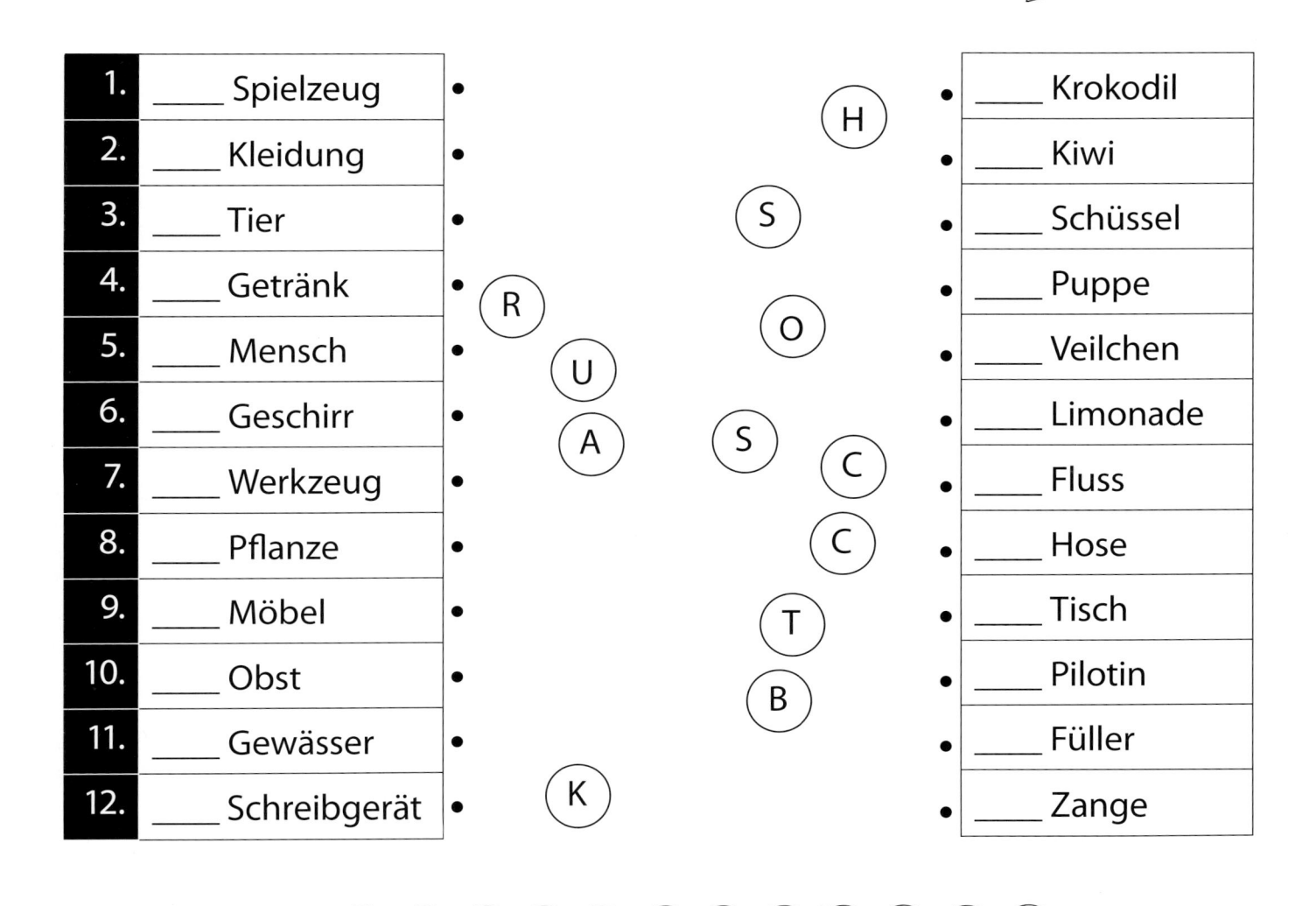

1.	____ Spielzeug	
2.	____ Kleidung	
3.	____ Tier	
4.	____ Getränk	
5.	____ Mensch	
6.	____ Geschirr	
7.	____ Werkzeug	
8.	____ Pflanze	
9.	____ Möbel	
10.	____ Obst	
11.	____ Gewässer	
12.	____ Schreibgerät	

Buchstaben: H, S, R, U, O, A, S, C, C, T, B, K

| ____ Krokodil |
| ____ Kiwi |
| ____ Schüssel |
| ____ Puppe |
| ____ Veilchen |
| ____ Limonade |
| ____ Fluss |
| ____ Hose |
| ____ Tisch |
| ____ Pilotin |
| ____ Füller |
| ____ Zange |

Lösungswort: ① ② ③ ④ ⑤ ⑥ ⑦ ⑧ ⑨ ⑩ ⑪ ⑫ □□□□□□□□□□□□

2. Schreibe die Sammelbegriffe in dein Heft und suche dazu jeweils zwei weitere Begriffe.

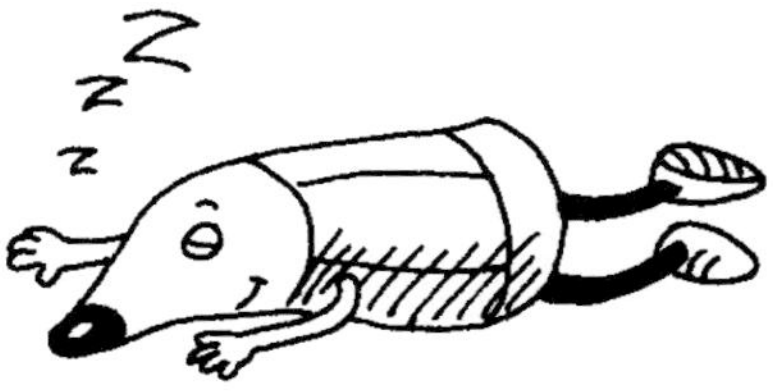

Namenwörter (Nomen) – Sammelbegriffe (Oberbegriffe) (2)

1. Ein Wort in jeder Zeile gehört nicht zum gleichen Sammelbegriff.
   Schreibe die Wörter auf, die nicht dazugehören.

Kohl	21	Lampe	24	Salat	10	
Fernseher	36	Rathaus	34	Kirche	5	
Stiefel	17	Sandale	4	Roller	26	
Fleisch	6	Quartett	30	Domino	18	
Leberwurst	27	Draht	13	Salami	1	
Flieder	9	Primel	32	Brille	20	
Bonbon	12	Pulli	2	Lolli	14	
Laub	33	Rücken	22	Bauch	29	
See	19	Meer	7	Vase	23	
Saft	25	Milch	15	Kreisel	31	
Käse	3	Essig	11	Quark	8	
Brücke	35	Brot	28	Kekse	16	

2. Male die Lösungsfelder an.

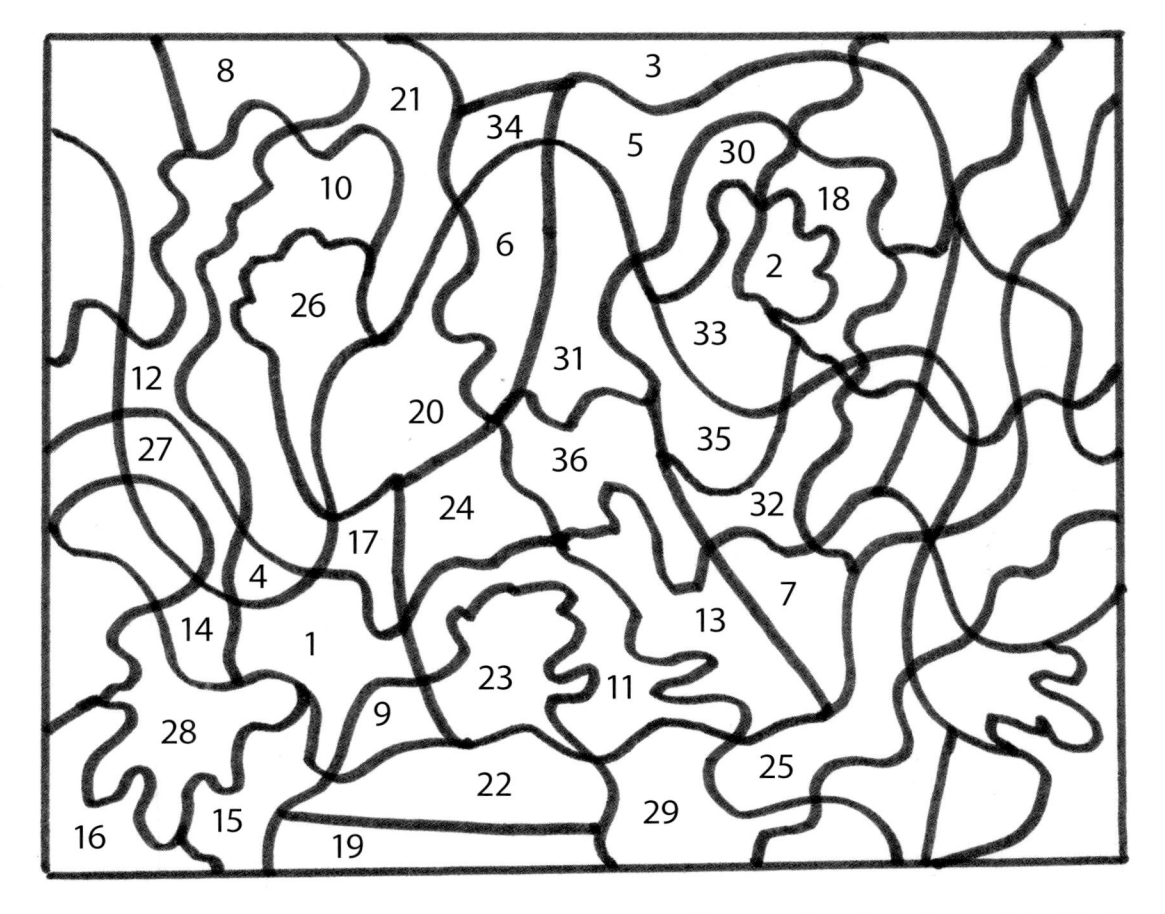

3. Welche Sammelbegriffe stecken in den Wörtern der Zeilen oben? Schreibe sie in dein Heft.

Bd. 425. Heiner Müller: Sprache untersuchen/Klasse 3
© Persen Verlag GmbH, Buxtehude

Fürwörter – Pronomen (1)

1. Durch welche Fürwörter (Pronomen) können die unterstrichenen Namenwörter (Nomen) mit ihren Begleitern ersetzt werden?

Fürwörter (Pronomen) stehen für Namenwörter (Nomen).

		Er	Sie	Es
1.	Das Kamel hat zwei Höcker.	7	14	27
2.	Der Strauß hat schöne Federn.	23	1	22
3.	Das Känguru hat einen Beutel für das Junge.	20	32	13
4.	Der Elefant hat einen Rüssel und zwei Stoßzähne.	34	9	2
5.	Die Schlange hat einen Giftzahn.	29	3	24
6.	Der Löwe hat eine große Mähne.	21	36	19
7.	Die Giraffe hat einen langen Hals.	12	4	26
8.	Das Zebra hat ein gestreiftes Fell.	8	15	33
9.	Die Katze jagt gerne Mäuse.	25	30	10
10.	Das Nashorn hat ein Horn auf der Nase.	5	35	16
11.	Die Schildkröte hat einen dicken Panzer.	18	11	28
12.	Der Papagei hat ein buntes Federkleid.	31	17	6

2. Male die Lösungsfelder an.

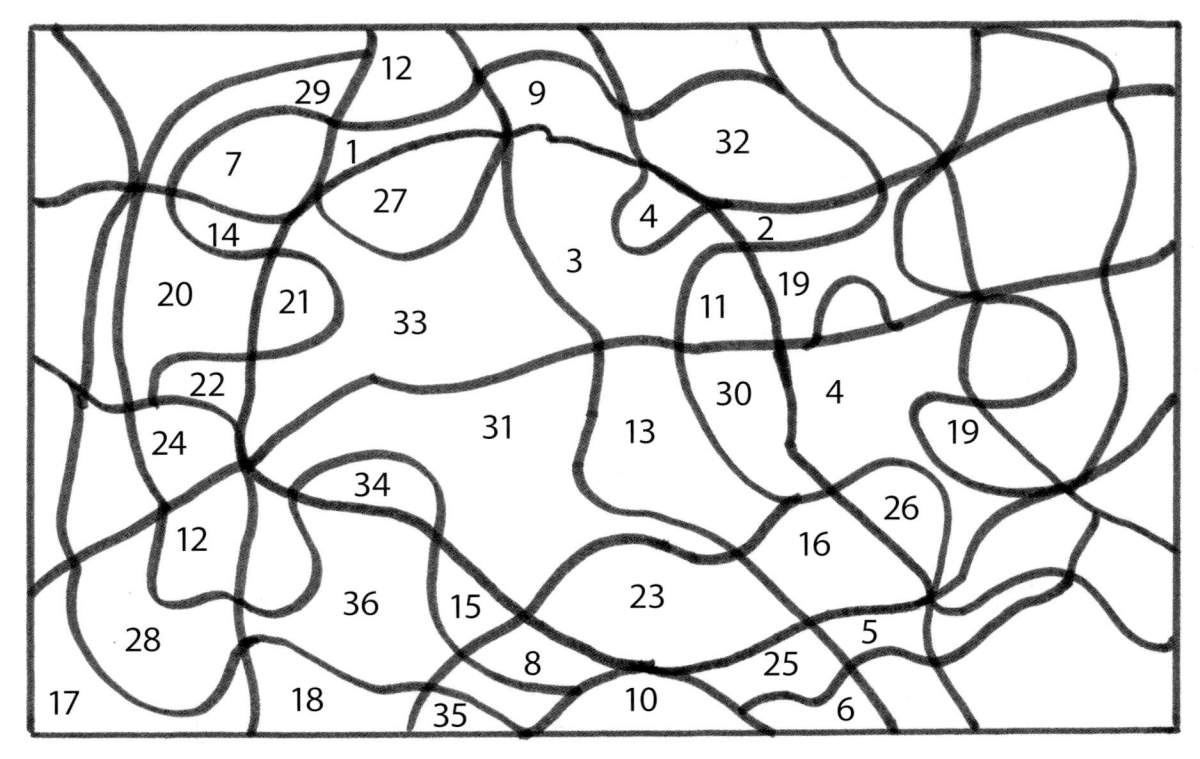

3. Schreibe die Sätze mit den Fürwörtern (Pronomen) in dein Heft.

Fürwörter – Pronomen (2)

1. Durch welche Fürwörter (Pronomen) kannst du die Namenwörter (Nomen) mit ihren Begleitern (Artikeln) ersetzen?

		Er	Sie	Es
1.	das Krokodil	28	64	66
2.	die Singdrossel	36	18	8
3.	der Taschenkrebs	15	57	35
4.	der Seehund	63	27	41
5.	das Meerschweinchen	7	1	17
6.	der Braunbär	44	49	19
7.	der Waschbär	34	14	6
8.	die Stechmücke	56	26	50
9.	der Goldhamster	2	48	29
10.	der Grasfrosch	65	43	55
11.	die Bachforelle	20	3	58

		Er	Sie	Es
12.	der Grünfink	51	30	37
13.	der Tintenfisch	60	9	4
14.	die Stubenfliege	5	13	52
15.	das Rotkehlchen	25	38	33
16.	die Stockente	21	16	47
17.	das Faultier	10	61	42
18.	die Erdkröte	31	39	22
19.	die Wildkatze	40	11	54
20.	der Steinkauz	53	45	23
21.	die Schildkröte	59	24	12
22.	der Maikäfer	62	46	32

2. Male die Lösungsfelder an.

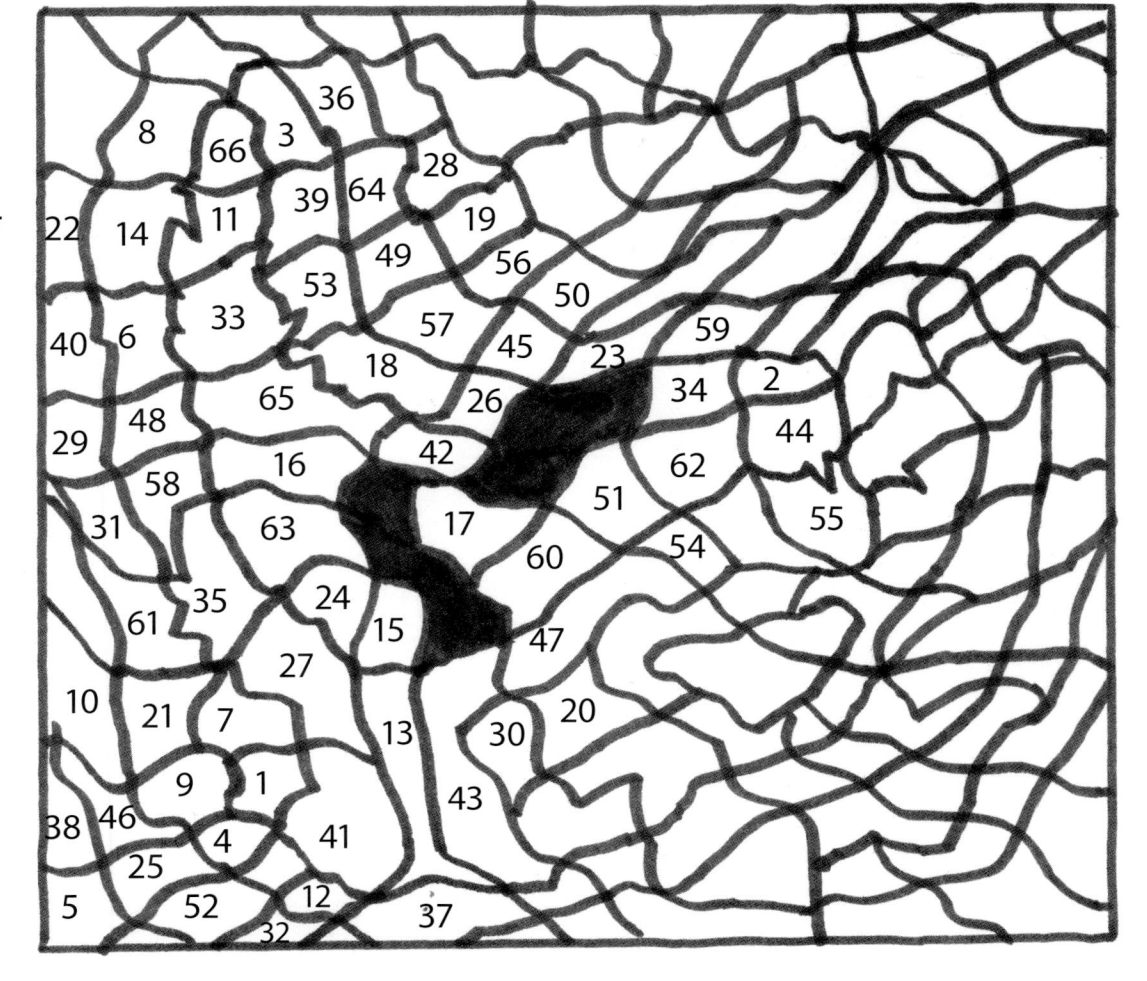

Fürwörter – Pronomen (3)

1. Durch welche Fürwörter (Pronomen) kannst du die Wörter in Klammern ersetzen?

	Auf dem Schulhof	Wir/wir	Ihr/ihr	Sie/sie
1.	(Lars und Anna) laufen schnell auf den Schulhof.	32	12	35
2.	„(Lars und ich) haben einen Ball!", ruft Anna.	21	17	25
3.	„(Lars und du) seid aber viel zu schnell für uns", entgegnet Fritz.	2	20	13
4.	(Fritz und Ferdi) wollen auch eine Mannschaft bilden.	6	30	34
5.	(Anton und Brigitte) schauen lieber zu.	24	7	36
6.	„(Anton und du) seid Spielverderber!", ruft Fritz Brigitte zu.	16	1	18
7.	„(Du und Ferdi) seid auch nicht viel besser", entgegnet Brigitte.	14	5	23
8.	„(Ich und Anton) haben auch schon mal gewonnen", fährt sie fort.	11	28	8
9.	„(Anton und du) hattet da aber nur Glück!", neckt Ferdi.	22	19	3
10.	„Dann spielen (Anna, Lars, Anton und ich) eben zusammen", erwidert Fritz.	4	26	9
11.	(Anna, Lars, Anton und Fritz) beginnen mit dem Kreisspiel.	10	15	31
12.	Dann gehen (Anton und Brigitte) in die Pausenhalle.	33	27	29

2. Male die Lösungsfelder an.

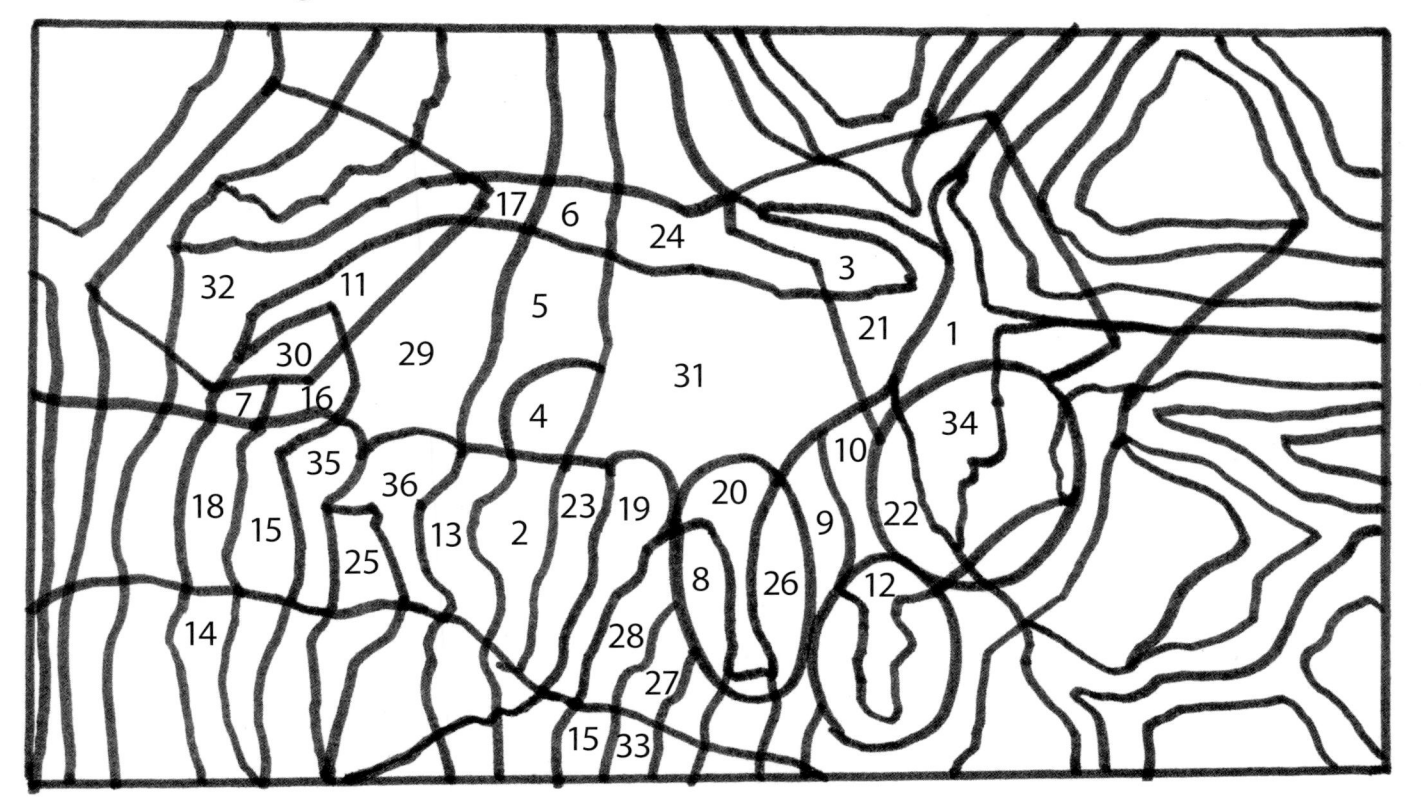

3. Schreibe die Sätze mit den richtigen Fürwörtern (Pronomen) in dein Heft.

Tuwörter (Verben) – Tuwörter in der Grundform

1. Suche die Tuwörter (Verben). Schreibe sie in der Grundform auf.

LACHT	24	GESELLE	4	
PAPIER	5	LERNT	1	
BALKEN	17	FÄLLT	23	
FLIEGST	2	FLEISCH	18	
GESICHT	13	ZIEHT	22	
SCHREIBST	3	HIRSCH	19	
BETON	9	BELLE	20	
SCHEINT	7	DRACHEN	15	
GRÄBT	11	SEIDE	6	
FELD	10	BLÄST	14	
STÜRZT	16	FAMILIE	21	
FISCH	8	EILT	12	

2. Male die Lösungsfelder an.

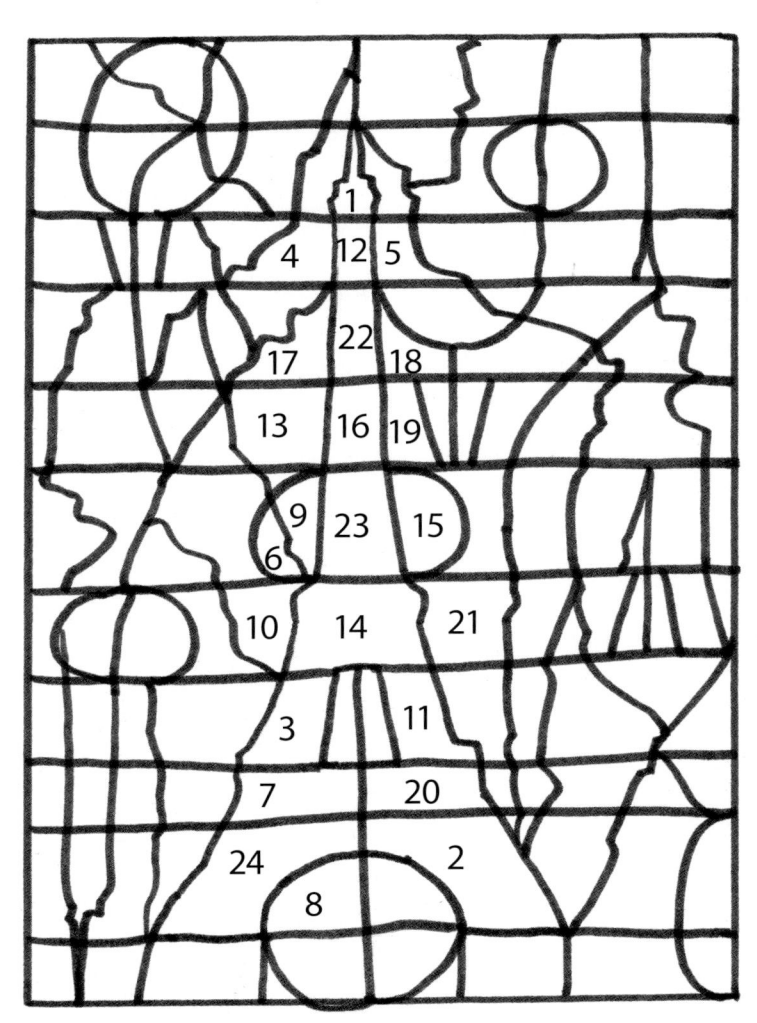

Tuwörter (Verben) – Gebeugte Formen der Tuwörter

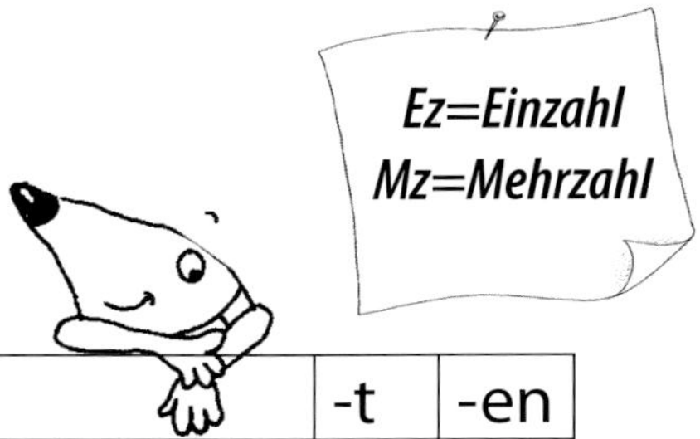

Ez=Einzahl
Mz=Mehrzahl

1. Welche Endung passt?

	-e	-st		-t	-en
ich pack__	15	32	er renn__	24	31
du erleb__	28	6	wir schnitz__	41	13
ich rat__	38	14	es riech__	3	17
du kenn__	18	35	ihr sammel__	99	11
du träum__	5	37	wir vergess__	47	2
ich reiß__	34	19	sie (Mz) lauf__	30	42
du zieh__	23	39	er schreib__	45	25
ich fühl__	44	4	wir kämm__	1	48
du back__	40	22	sie (Mz) bau__	20	33
du dreh__	7	46	ihr mix__	16	36
ich hoff__	9	8	wir wähl__	12	21
ich schimpf__	29	10	sie (Ez) sing__	26	43

2. Male die Lösungsfelder an.

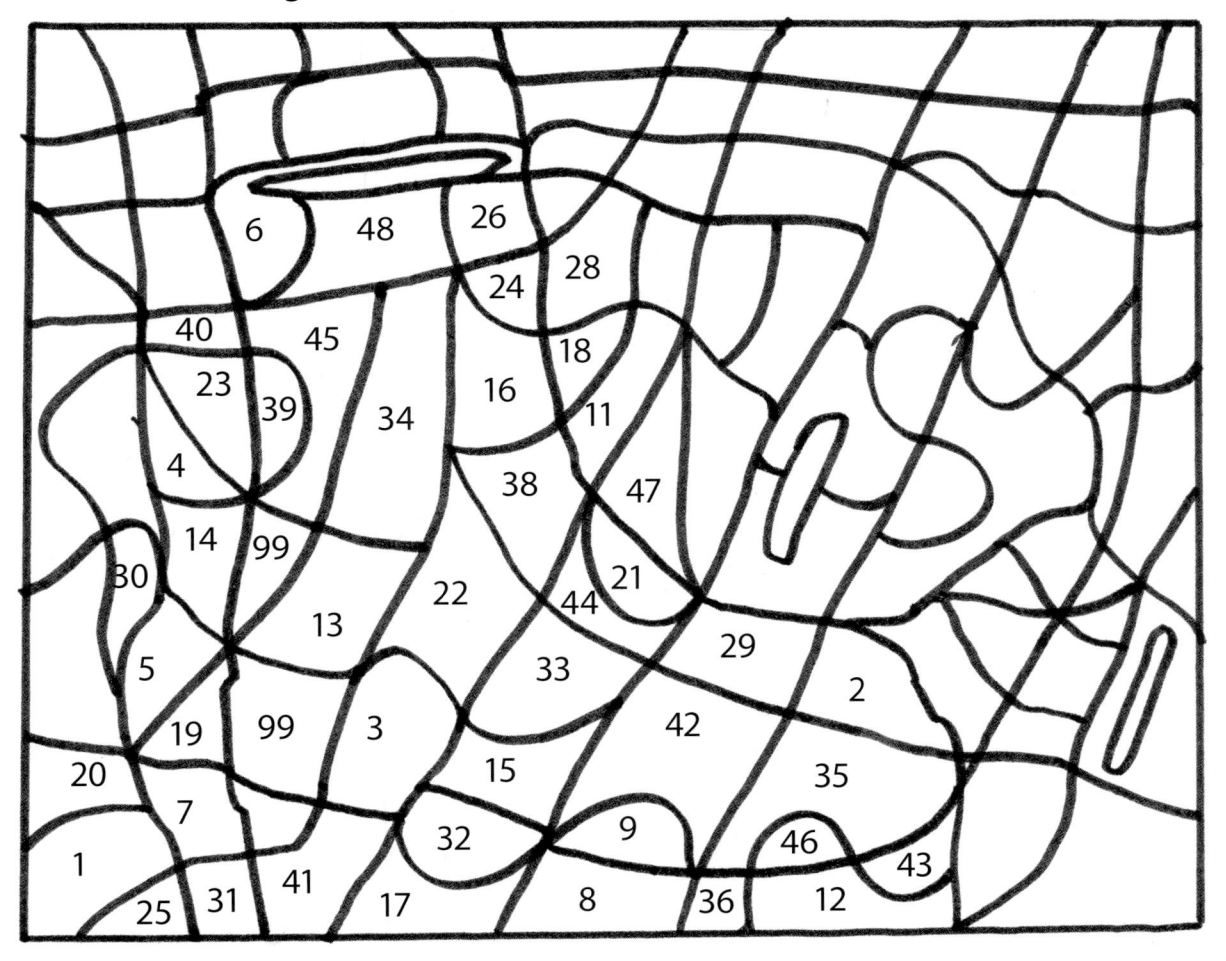

3. Schreibe die Fürwörter (Pronomen) und die richtigen Verbformen in dein Heft.

Tuwörter (Verben) – Tuwörter in der Vergangenheit

1. Schreibe die passenden Tuwörter (Verben) in die Lücken und schreibe die Lösungsbuchstaben in die Kästen.

#	Satz	?
1.	1. Rico _____ seiner Mutter in der Küche beim Abwaschen.	
2.	2. Plötzlich _____ ihm ein nasser Teller aus der Hand.	
3.	3. Der Teller _____ ungebremst zu Boden.	
4.	4. Er _____ in tausend Teile.	
5.	5. Rico _____ an zu weinen.	
6.	6. Da _____ sein Vater den Lärm.	
7.	7. Er _____ erschrocken in die Küche.	
8.	8. Da _____ er die Bescherung mit eigenen Augen.	
9.	9. Aber er _____ seinen Sohn.	
10.	10. Dann _____ sie gemeinsam die Scherben auf.	
11.	11. Mutter _____ überhaupt nichts dazu.	
12.	12. Sie _____ sich, dass es nur ein alter Teller war.	

sah	E	hörte	S	tröstete	R	zerbrach	E
fiel	G	freute	G	half	B	sagte	N
fegten	U	rutschte	E	eilte	T	fing	I

Lösungswort: ① ② ③ ④ ⑤ ⑥ ⑦ ⑧ ⑨ ⑩ ⑪ ⑫

2. Schreibe die Tuwörter (Verben) in der Grundform:

_____

_____

_____

Tuwörter (Verben) – Gegenwart (Präsens) und 1. Vergangenheit (Präteritum)

1. In welcher Zeit stehen diese Sätze? Unterstreiche die Tuwörter (Verben).

	Gegenwart	1. Vergangenheit
Das Mofa braust die Landstraße entlang.	5	24
Ein Zug ratterte über die Schienen.	14	17
Flugzeuge landeten auf dem Flugplatz.	8	13
Der Hubschrauber knattert zum Unfallort.	23	1
Fahrräder flitzten über die Radwege.	18	4
Mühsam rumpelt die Kutsche über das Pflaster.	15	9
Die Autos hielten vor der Einmündung.	19	22
Viele Fußgänger warten an der Ampel.	10	2
Ein Polizist verteilt Strafzettel.	7	16
Ein Lastwagen sauste um die Kurve.	21	11
Langsam rollt ein Motorrad aus der Einfahrt.	3	6
Der Lieferwagen brachte die Getränkekisten.	12	20

2. Male die Lösungsfelder an.

3. Schreibe alle Sätze in der Gegenwart in dein Heft und unterstreiche die Tuwörter (Verben).

4. Schreibe alle Sätze in der Vergangenheit in dein Heft und unterstreiche die Tuwörter (Verben).

Wiewörter (Adjektive) – Gegenteilige Wiewörter

1. Verbinde immer die beiden Wiewörter (Adjektive), die das Gegenteil bedeuten. Benutze ein Lineal. Jede Linie trifft auf einen Buchstaben. Trage die Buchstaben in die Lösungsfelder ein. Verändere nicht die Reihenfolge der Wörter.

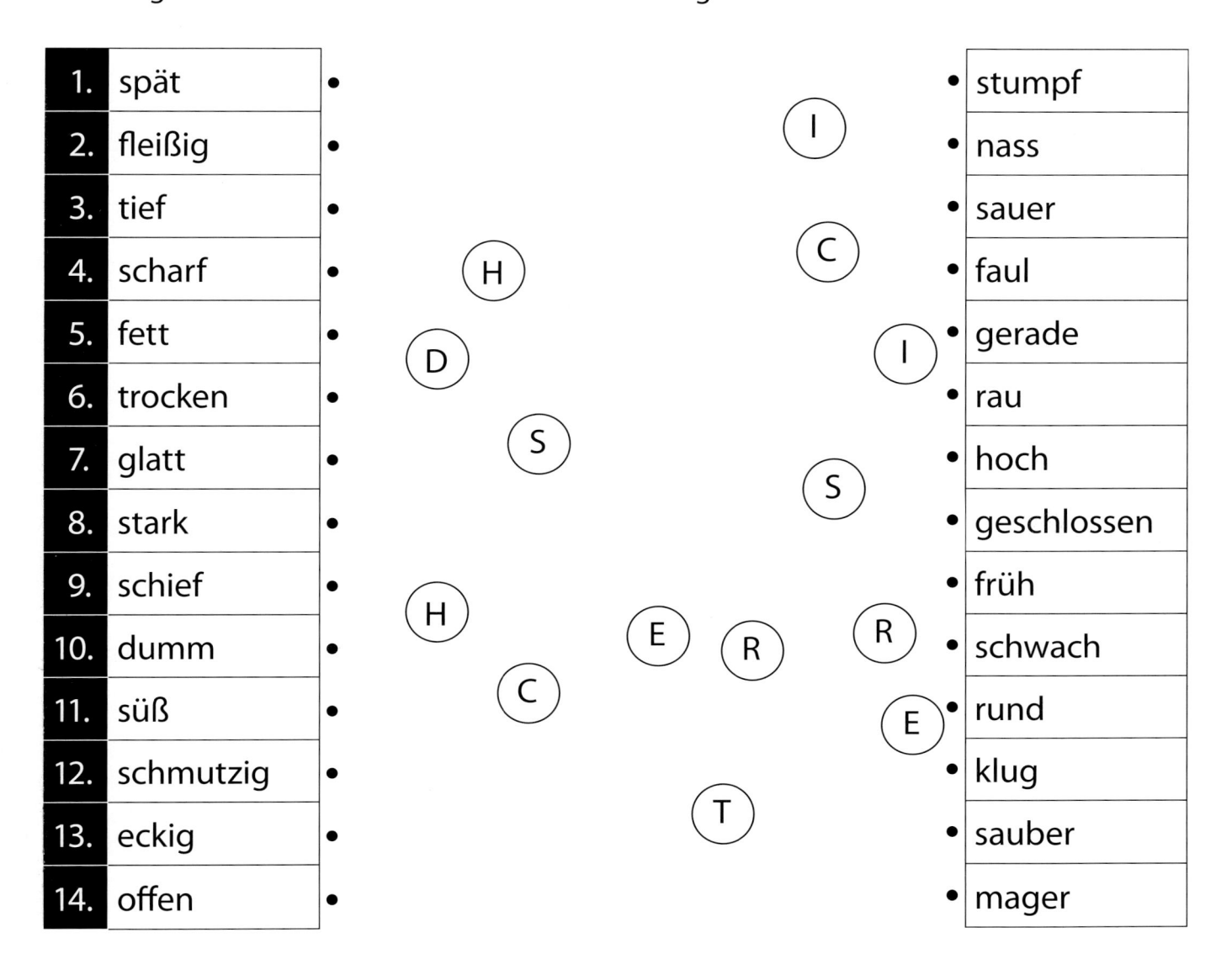

1.	spät	•	stumpf
2.	fleißig	•	nass
3.	tief	•	sauer
4.	scharf	•	faul
5.	fett	•	gerade
6.	trocken	•	rau
7.	glatt	•	hoch
8.	stark	•	geschlossen
9.	schief	•	früh
10.	dumm	•	schwach
11.	süß	•	rund
12.	schmutzig	•	klug
13.	eckig	•	sauber
14.	offen	•	mager

Buchstaben im Feld: I, H, C, D, I, S, S, H, E, R, R, C, E, T

Lösungswort: 1 2 3 4 5 6 7 8 9 10 11 12 13 14

2. Schreibe die Wortpaare, die das Gegenteil bedeuten, in dein Heft.

Wiewörter (Adjektive) – Zusammengesetzte Wiewörter

1. a) Was ist das Bestimmungswort (1. Wortteil) für eine Wortart?
   b) Unterstreiche das Bestimmungswort.

	Namenwort (Nomen)	Tuwort (Verb)
lesefreundlich	18	34
turmhoch	37	8
handwarm	46	13
sommerheiß	21	40
wunderschön	9	28
schreibfaul	23	1
fahrtauglich	2	36
himmelweit	26	20
kuschelweich	10	45
steinalt	29	31
trinkfertig	33	3
glasklar	14	41

	Namenwort (Nomen)	Wiewort (Adjektiv)
essigsauer	15	32
altklug	24	7
beinhart	5	30
rosarot	47	17
hundemüde	11	42
daumendick	48	4
hellblau	22	39
schwerbeschädigt	6	44
federleicht	35	25
lauwarm	43	12
riesengroß	38	19
dunkelhäutig	16	27

2. Male die Lösungsfelder an.

3. Erkläre, was die zusammengesetzten Wiewörter (Adjektive) bedeuten.

4. Bilde Sätze mit den zusammengesetzten Wiewörtern (Adjektiven) und schreibe sie in dein Heft.

Wiewörter (Adjektive) – Die Steigerungsstufen der Wiewörter

Wiewörter kann man steigern: klein – kleiner – am kleinsten.

1. Unterstreiche die Wiewörter (Adjektive) und überlege, welche Stufe das ist.

	Grundstufe	Mehrstufe	Meiststufe
Ein scharfes Brotmesser erleichtert das Schneiden.	12	32	6
Computerspiele sind bei uns am beliebtesten.	24	1	16
Der Kölner Dom ist berühmter als unsere Kirche.	7	20	28
Mein Becher ist schöner als Peters Tasse.	15	11	36
Am Strand liegen große Wasserbälle.	2	34	14
Die kostbarsten Steine sind Diamanten.	10	25	31
Oma kauft sich billige Gartenpflanzen.	21	3	19
Auf der Autobahn fahren alle am schnellsten.	29	8	23
Elefanten gehören zu den stärksten Tieren.	4	33	35
Honig schmeckt süßer als Obst.	17	26	5
Ein Säbel ist länger als ein Messer.	22	9	13
Sauberes Geschirr glänzt in der Sonne.	30	27	18

2. Male die Lösungsfelder an.

3. Schreibe die Sätze in dein Heft.

4. Schreibe zu jedem Wiewort (Adjektiv) die drei Stufen auf. Z. B.: groß – größer – am größten.

Wiewörter (Adjektive) – Vergleiche mit Wiewörtern (1)

> *Nach einem Wiewort (Adjektiv) in der Mehrstufe steht das Vergleichswort „als".*

> *Wenn zwei Sachen gleich sind, steht nach dem Wiewort (Adjektiv) „wie".*

1. Welches Vergleichswort ist richtig?

	als	wie
Unsere Klasse ist so fröhlich _____ unser Lehrer.	12	22
Die Alpen sind höher _____ der Harz.	17	7
Eisen ist schwerer _____ Kunststoff.	6	11
Im Korb sind so viele Äpfel _____ in der Kiste.	21	1
Gummi ist biegsamer _____ Holz.	24	16
Gänse sind so wachsam _____ Hunde.	2	13
Seehunde schwimmen so gut _____ Fische.	8	18
Erdbeeren schmecken süßer _____ Zitronen.	15	3
Der Salat ist so frisch _____ der Kohlrabi.	19	23
Ein Kissen ist weicher _____ ein Fußboden.	4	9
Der Baumstamm ist so dick _____ eine Tonne.	20	5
Am Strand liegt mehr Sand _____ in der Sandkiste.	10	14

2. Male die Lösungsfelder an.

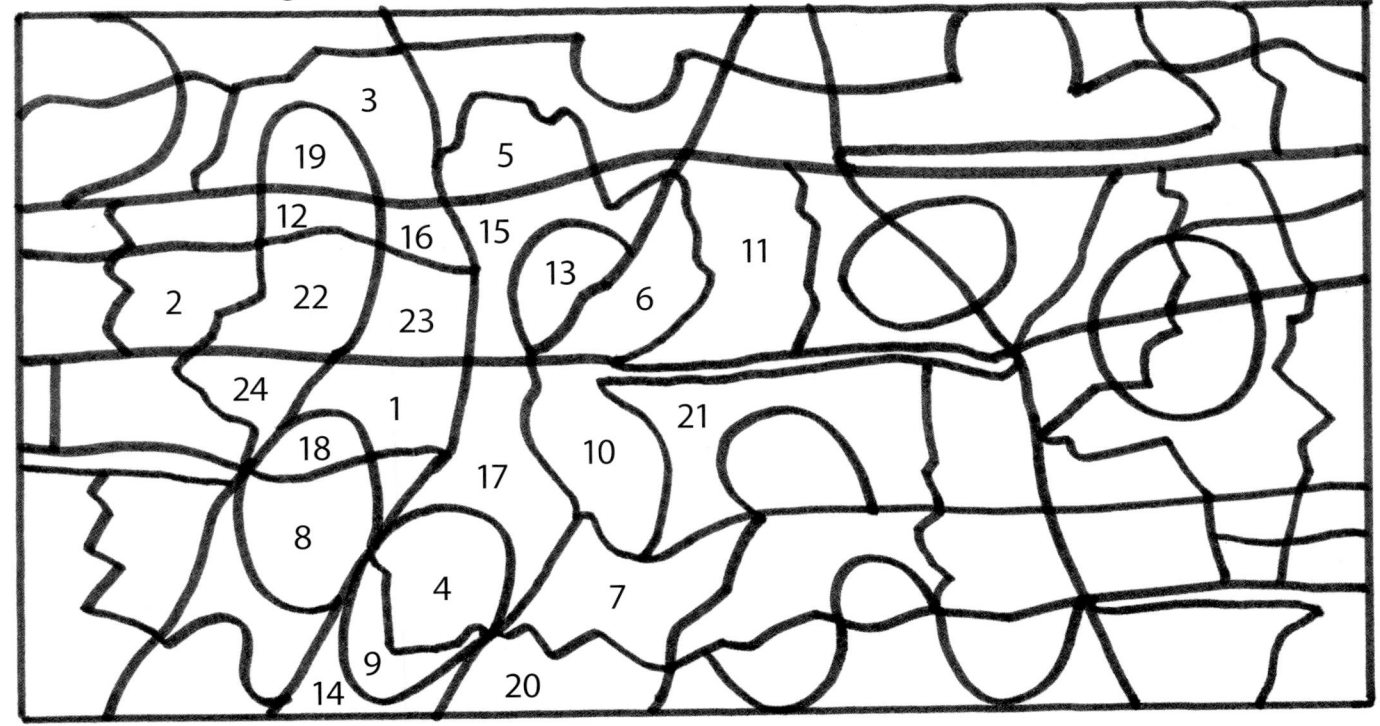

3. Schreibe die Sätze in dein Heft.

Wiewörter (Adjektive) – Vergleiche mit Wiewörtern (2)

1. Welches Wort fehlt hier beim Vergleich? Schreibe es in die Lücke.

	als	wie
Ein Fahrrad ist schneller _____ ein Dreirad.	10	7
Ein Hügel ist kleiner _____ ein Berg.	21	3
Unsere Schule ist so hoch _____ das Rathaus.	6	14
Vaters Auto ist so flach _____ Omas Auto.	17	23
Kinder können lauter _____ Mäuse sein.	2	9
Kutschen gibt es schon länger _____ Autobusse.	13	1
Mein Wörterbuch ist so dick _____ ein Kinderlexikon.	20	18
Malte steht später _____ Stefan auf.	22	15
Unser Hund ist so gesund _____ ein Fisch im Wasser.	11	24
Die Autobahn ist breiter _____ unsere Hauptstraße.	4	19
Ali spielt besser Fußball _____ Tom.	16	5
Eine Katzenmutter ist so mutig _____ ein Löwe.	8	12

2. Male die Lösungsfelder an.

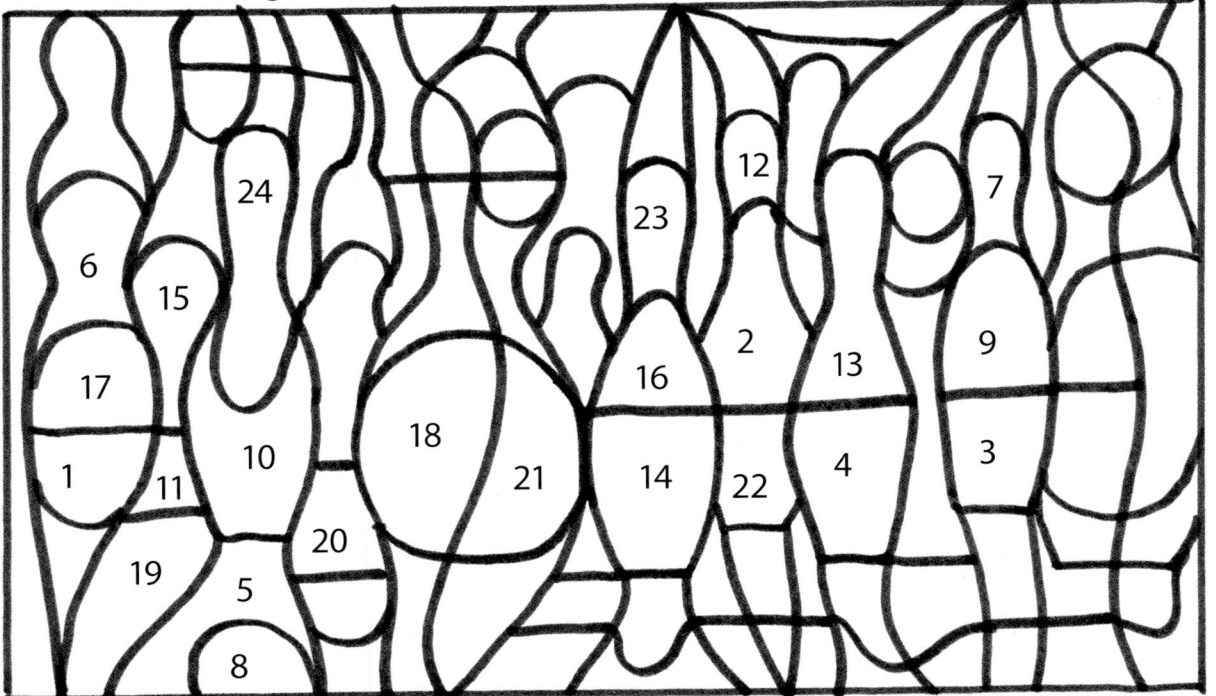

3. Unterstreiche die Wiewörter (Adjektive) in den Sätzen oben rot. Schreibe die Wiewörter (Adjektive) mit der Grundstufe, der Mehrstufe und der Meiststufe auf. Z.B: schnell – schneller – am schnellsten.

4. Schreibe die Sätze in dein Heft und unterstreiche die Wörter „als" und „wie".

Wörter nach Wortarten ordnen

Ordne die Wörter nach Namenwörtern (Nomen), Tuwörtern (Verben) und Wiewörtern (Adjektiven) und schreibe sie in die Tabelle unten.
Übertrage auch die Buchstaben hinter den Wörtern. Verändere nicht die Reihenfolge der Wörter.

NASS	F	SOHLE	S	SPRÜHEN	K	STUHL	O
PFERD	L	FEIN	R	OZEAN	A	REGNEN	R
RIESIG	O	PLATSCHEN	I	KÜHL	S	UNFALL	R
BRECHEN	E	TEICH	I	SAUGEN	C	WEICH	C
FROSTIG	H	WACHSEN	H	STANGE	U	STEIGEN	E
WEIß	E	BLANK	I	ERZÄHLEN	N	BRUNNEN	M

Namenwörter (Nomen)	?	Tuwörter (Verben)	?	Wiewörter (Adjektive)	?

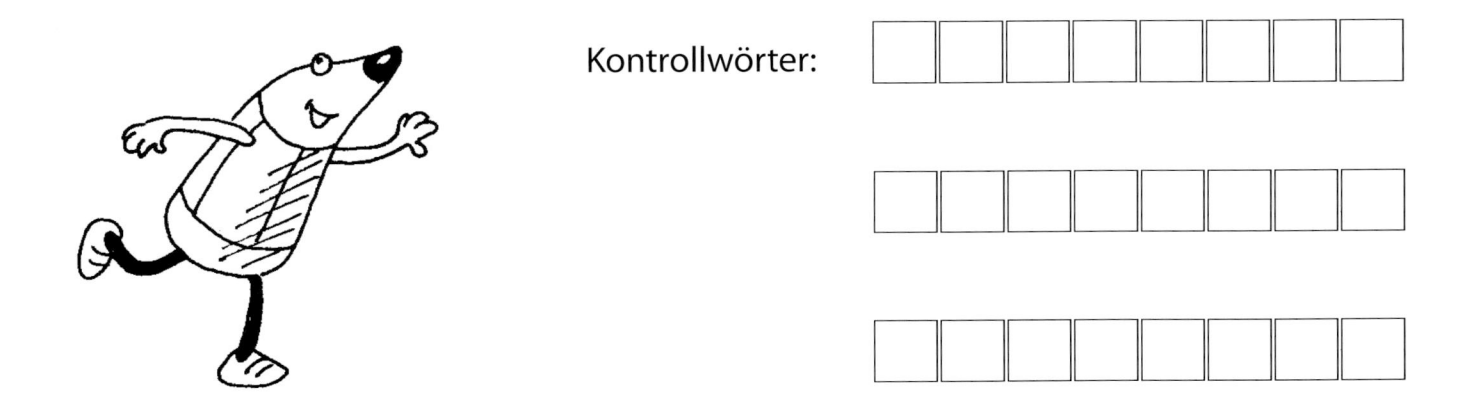

Kontrollwörter:

Wortfamilien – „tragen", „waschen" und „fein"

Welche Wörter gehören zu diesen Wortfamilien?
Schreibe die Wörter auf, die dazugehören. Suche die Lösungswörter.

Zu einer Wortfamilie gehören Wörter mit demselben Wortstamm.

A „tragen"

							?
Angel	N	auftragen	L	jung	A		
enger	G	spiegeln	O	Eisenträger	E		
trägt	I	Käfig	K	regnen	B		
fertig	Y	getragen	S	Geruch	E		
Eintragung	T	Führung	C	fragen	M		
beugen	Z	Geiz	F	erträglich	E		

B „waschen"

							?
Sachen	V	schöner	U	Wäsche	W		
gewaschen	I	Asche	T	schmecken	C		
erscheinen	A	waschbar	E	gemacht	V		
Tasche	Y	schweigen	B	Abwasch	S		
waschend	E	Muschel	R	Schärfe	D		
Schale	D	Wäscherei	L	rasch	X		

C „fein"

							?
heizen	J	Beine	N	feiner	L		
Frieden	P	zeitig	E	Feinkost	A		
weinen	S	Feinheit	W	Streit	G		
feinste	I	Leinen	R	weit	M		
Ferien	K	haarfein	N	streiten	F		
Feingebäck	E	Frieren	L	Feuer	I		

Kontrollwörter:

Wortfamilien – spielen und verschiedene Wortfamilien

1. Welche Wörter gehören zur Wortfamilie „spielen"? Trage die Lösungsbuchstaben in die rechte Spalte ein!

						?
Spiegel	K	abwiegen	L	Spielzeug	H	
verspielt	O	Ziegelstein	E	Liebling	I	
schieben	F	Glockenspiel	C	liegen	S	
spielst	K	würzig	T	Wiese	H	
Zielscheibe	U	fliegen	A	Mitspieler	E	
besiegen	N	Spielerin	Y	viele	R	

2. Schreibe die Wörter auf, die zur Wortfamilie „spielen" gehören.

_____

3. Welches Wort in jeder Zeile gehört zu einer anderen Wortfamilie?

						?
Rolle	W	Rock	S	gerollt	B	
Rücken	P	Ausruf	O	rufen	T	
Gehör	C	Hose	A	hörend	R	
Fährt	E	Fahrrad	K	Feld	N	
Seife	G	gesehen	I	Sehhilfe	U	
Geturnt	S	Turnerin	F	trinken	E	

4. Schreibe die Wörter von Übung 3 auf, die zu einer anderen Wortfamilie gehören.

_____

Wortfamilien – Verschiedene Wortfamilien (1)

1. Welche Wörter in jeder Zeile gehören zu einer anderen Wortfamilie? Schreibe diese Wörter auf.

Zu einer Wortfamilie gehören Wörter mit demselben Wortstamm.

geblüht	16	blühen	3	bluten	8		
Halle	27	Hilfe	20	helfen	10		
gerollt	35	Riese	33	Roller	32		
Reisegeld	18	reist	7	Rassel	11		
trinken	9	Getränke	23	Träne	28		
geblieben	14	blasen	15	Bleibe	13		
Überbringer	2	braten	4	zurückbringen	36		
Angeber	25	Ansage	12	sagenhaft	19		
turnst	17	treu	1	Turner	24		
abgeben	31	Gabe	30	Gang	34		
Verpflegung	26	pflanzen	21	Pfleger	22		
Schauspiel	5	Schlaf	6	schläfrig	29		

2. Male die Lösungsfelder an.

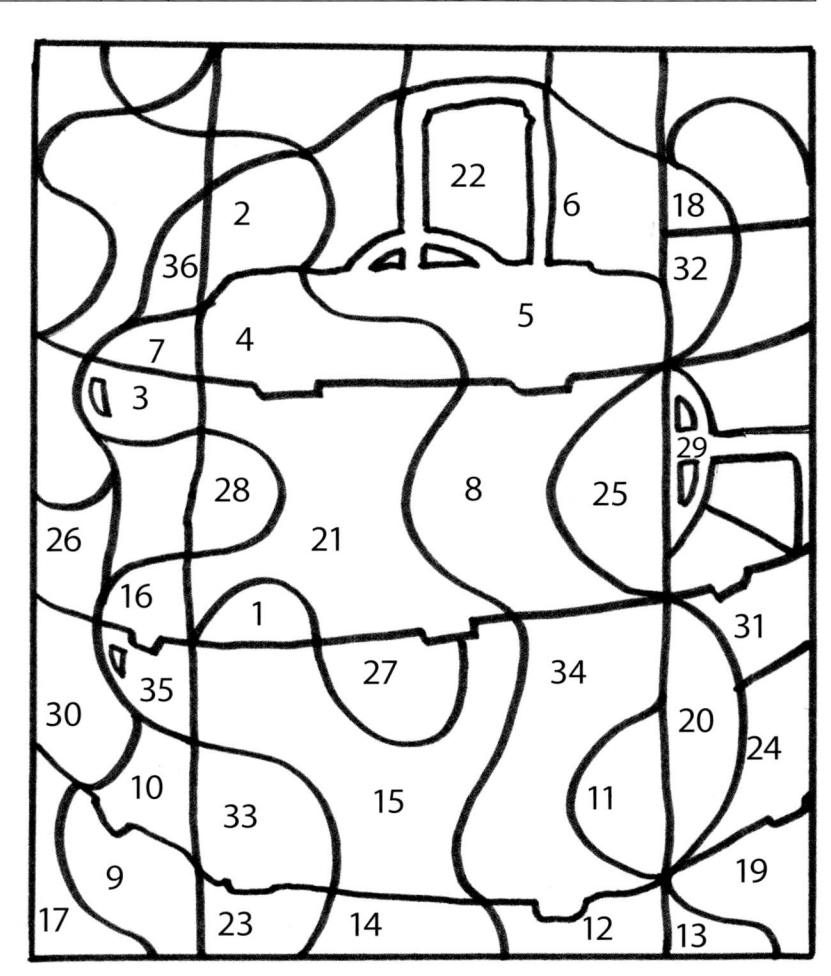

Wortfamilien – Verschiedene Wortfamilien (2)

1. Welche Wörter in jeder Zeile gehören zu einer anderen Wortfamilie? Schreibe diese Wörter auf.

hörbar	32	hoch	26	Gehör	25		
Kauffrau	19	kaufen	16	kauen	3		
gelegen	6	Länge	11	liegen	18		
bunt	13	Buntheit	29	Beutel	36		
klein	1	Kleidung	20	verkleiden	9		
Wartung	21	Wald	24	gewartet	28		
bellen	22	Vorbild	8	bildlich	4		
Land	30	lebst	15	Erlebnis	34		
Spardose	14	sparsam	2	Spargel	35		
Dunkelheit	33	donnern	31	dunkel	17		
wollig	5	wohnen	12	Bewohner	10		
enger	23	Enge	7	endlich	27		

2. Male die Lösungsfelder an.

Gegensatzwörter oder sinnverwandte Wörter?

1. Wozu gehören die Wörter?

> Sinnverwandte Wörter gehören zum gleichen Wortfeld.

	Gegensatz-wörter	sinnverwandte Wörter		Gegensatz-wörter	sinnverwandte Wörter
schief – schräg	17	41	ziehen – drücken	22	33
Berg – Tal	45	11	krumm – gebogen	5	10
fliegen – gleiten	28	16	verlieren – finden	18	36
leer – voll	37	32	reden – schweigen	29	8
schimpfen – meckern	40	6	See – Teich	21	43
nass – trocken	12	27	Zwerg – Riese	4	25
natürlich – künstlich	20	44	erhellen – verdunkeln	30	15
sagen – erzählen	7	1	klettern – kraxeln	9	46
rätseln – raten	23	47	wenig – viel	34	38
frieren – schwitzen	2	13	rennen – flitzen	26	48
wählen – aussuchen	31	39	fremd – bekannt	42	3
faul – bequem	35	24	mager – dünn	14	19

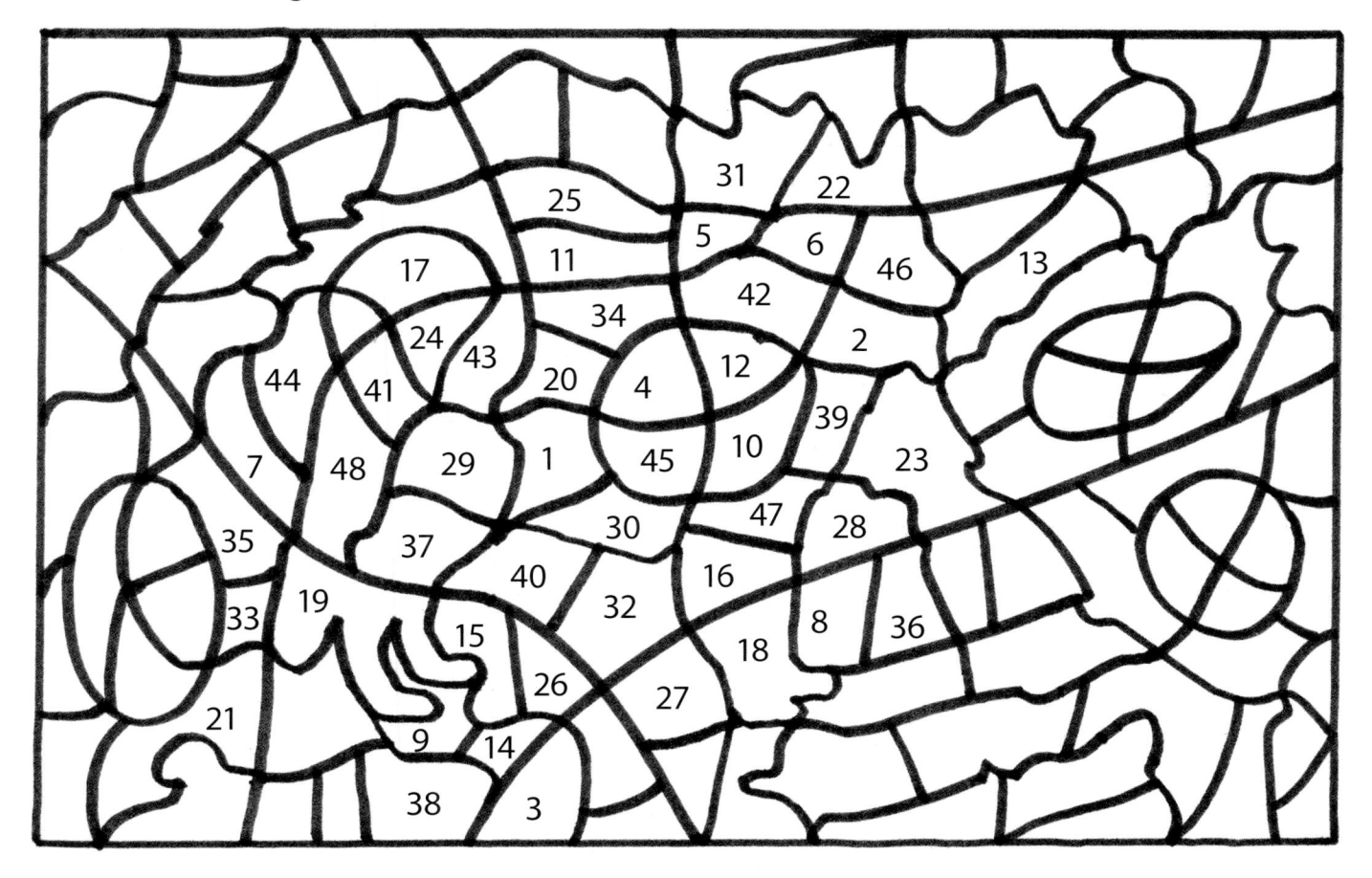

2. Male die Lösungsfelder an.

Wortfelder – „lügen"

1. Welche Wörter gehören zum Wortfeld „lügen"?

jaulen	13	strahlen	7	beschwindeln	23	
flitzen	34	erdichten	1	weinen	20	
bluffen	27	anziehen	12	verspotten	15	
tragen	9	erfinden	19	aufsetzen	25	
verfälschen	36	hasten	29	grinsen	10	
plärren	2	schelten	16	verzerren	30	
tadeln	26	betrügen	21	lachen	32	
schielen	6	zanken	3	spinnen	28	
täuschen	22	plaudern	24	flüchten	18	
stiefeln	17	verdrehen	8	starren	4	
abstreiten	31	spähen	14	abbeißen	11	
wimmern	33	schlendern	5	flunkern	35	

2. Male die Lösungsfelder an.

2. Erkläre, was die einzelnen Wörter des Wortfeldes „lügen" genau bedeuten.

Wortfelder – Verschiedene Wortfelder (1)

1. Welches Wort in jeder Zeile gehört zu einem anderen Wortfeld?
   Schreibe die Wörter auf, die nicht zu dazugehören.

Kamerad	33	Vogel	26	Freund	20	
backen	18	fangen	36	jagen	6	
kühl	13	kalt	7	kräftig	17	
schlau	8	schwierig	2	klug	3	
entwenden	23	stehlen	12	bauen	24	
leuchten	29	flattern	35	fliegen	28	
Furcht	32	Lohn	19	Angst	11	
krachend	1	laut	14	wichtig	30	
Ort	16	Urlaub	31	Platz	4	
mixen	25	verspotten	21	auslachen	15	
Freude	9	Vorfahrt	5	Vergnügen	22	
blicken	34	streiten	27	zanken	10	

2. Male die Lösungsfelder an.

Wortfelder – Verschiedene Wortfelder (2)

1. Welches Wort in jeder Zeile gehört zu einem anderen Wortfeld?
   Schreibe die Wörter auf, die nicht zu dazugehören.

klettern	32	schreiben	22	kritzeln	15	
beobachten	13	schalten	31	sehen	4	
waschen	6	schützen	5	beschirmen	9	
klingeln	23	läuten	12	wählen	3	
zügig	14	neu	21	schnell	33	
knapp	17	eng	2	grün	29	
Schrank	30	Tür	27	Pforte	16	
vermögend	36	reich	8	krank	20	
Dunst	18	Monat	35	Nebel	25	
Muster	1	Beispiel	19	Wind	34	
sandig	7	betagt	10	alt	28	
sprechen	26	stellen	24	bemerken	11	

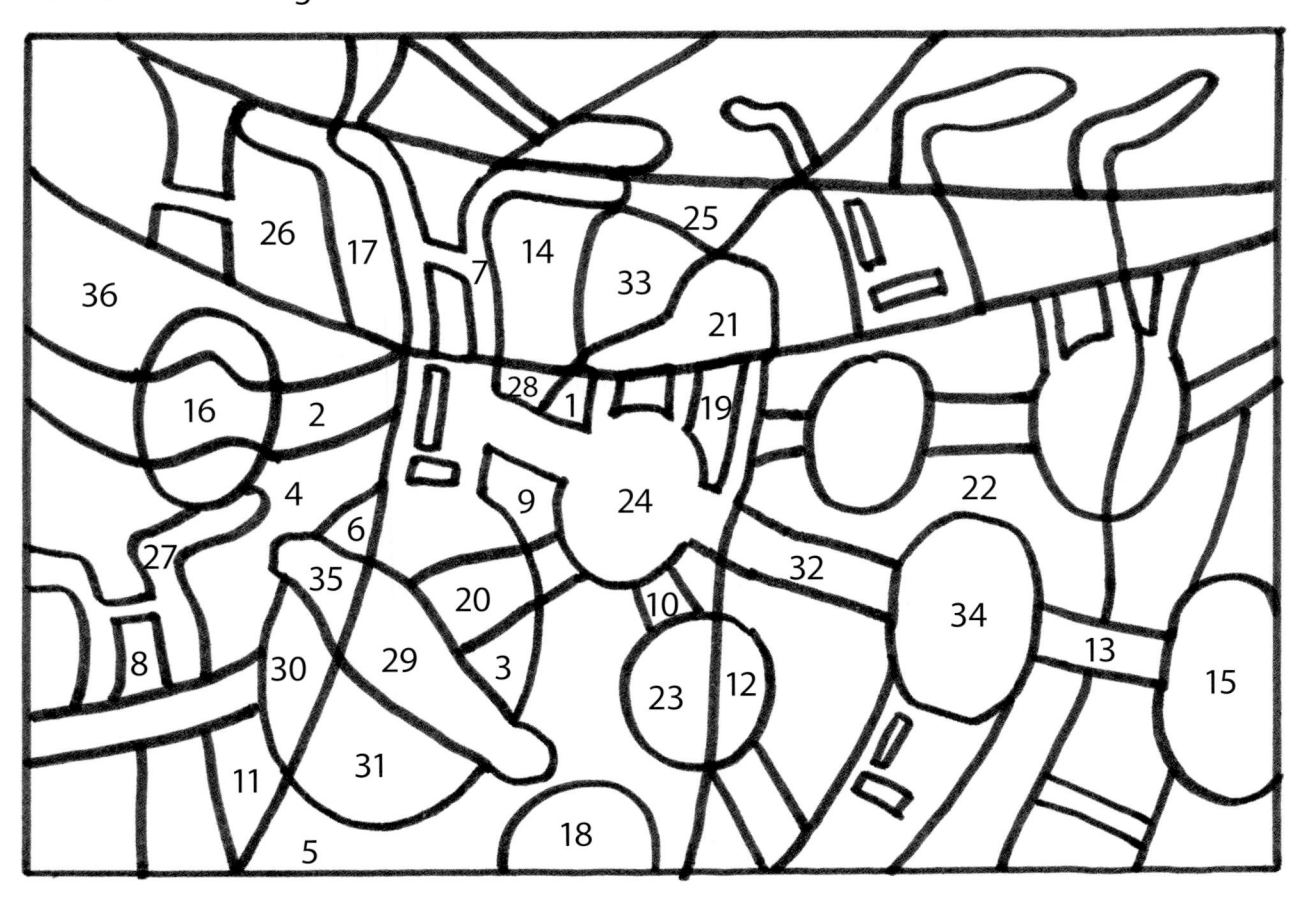

2. Male die Lösungsfelder an.

Wortfamilie oder Wortfeld?

1. Gehören die Wörter zur gleichen Wortfamilie oder zum gleichen Wortfeld?

Wörter einer Wortfamilie haben einen gemeinsamen Wortstamm.

Zu einem Wortfeld gehören Wörter mit gleicher oder ähnlicher Bedeutung.

		Wort-familie	Wort-feld			Wort-familie	Wort-feld
1.	runden – rund	39	30	13.	schön – hübsch	17	28
2.	kalt – frostig	12	46	14.	rutschen – rutschig	21	8
3.	böse – frech	23	35	15.	lauschen – horchen	7	34
4.	eckig – Ecke	20	1	16.	arbeitsam – arbeiten	44	38
5.	putzen – säubern	32	11	17.	dreckig – verdrecken	42	13
6.	Hilfe – geholfen	2	15	18.	töricht – unklug	47	6
7.	blank – blinken	48	3	19.	knackig – knacken	22	25
8.	hoch – riesig	27	29	20.	heiß – warm	14	45
9.	schwingen – Schwung	4	40	21.	denken – grübeln	36	18
10.	stürzen – stolpern	43	24	22.	Breite – verbreitern	5	26
11.	lautlos – lautieren	16	33	23.	salzen – salzig	41	9
12.	schlau – klug	10	37	24.	ächzen – stöhnen	19	31

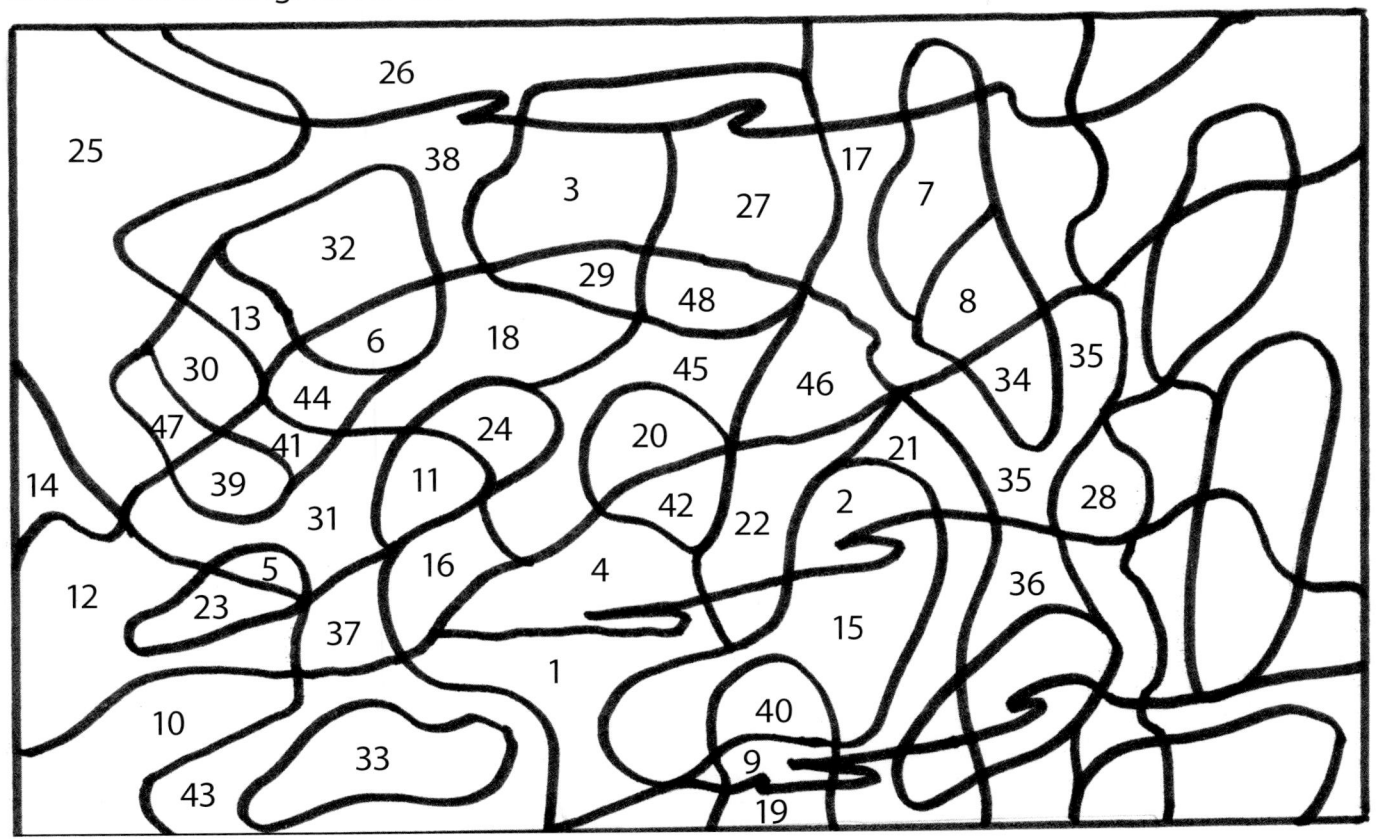

2. Male die Lösungsfelder an.

Ortsangaben und Zeitangaben (1)

1. Was sind das für Angaben?

		Ort	Zeit			Ort	Zeit
1.	neben dem Stuhl	16	39	13.	stundenlang	25	4
2.	seit Tagen	27	5	14.	beim Friseur	17	33
3.	daneben	34	10	15.	vorher	3	24
4.	mittags	23	31	16.	im Frühling	20	30
5.	auf dem Parkplatz	1	36	17.	links	9	43
6.	unter der Tanne	40	15	18.	heute	45	38
7.	dauernd	19	47	19.	in der Halle	13	29
8.	nirgends	42	11	20.	zukünftig	2	21
9.	am Nachmittag	6	48	21.	beim Supermarkt	35	8
10.	übermorgen	26	22	22.	etwas später	7	41
11.	am Baum	12	37	23.	auf dem Marktplatz	28	14
12.	niemals	32	44	24.	dort	18	46

2. Male die Lösungsfelder an.

3. Wie fragt man
   a) nach der Ortsangabe?   b) nach der Zeitangabe?

4. Schreibe zuerst alle Ortsangaben, dann alle Zeitangaben in dein Heft!

Ortsangaben und Zeitangaben (2)

1. Ortsangabe oder Zeitangabe? Bestimme!

Nach einer Ortsangabe fragt man: Wo? Woher? Wohin?

Nach einer Zeitangabe fragt man: Wann? Wie lange? Wie oft?

	Ortsangabe	Zeitangabe
Jeden Winter machen die Hubers Skiurlaub.	14	5
Sie fahren alle ins **Erzgebirge**.	8	20
Dort laufen sie gerne Ski.	2	23
Um 10 Uhr besteigen sie den Lift.	10	17
Den ganzen Tag betreiben sie Langlauf.	6	12
Eine Notverpflegung muss **bis zur ersten Hütte** reichen.	21	1
Fast immer treffen sie andere Skiläufer.	16	19
Ihre Mittagspause dauert **ungefähr eine Stunde**.	13	7
Sie laufen gemeinsam **auf dem Höhenweg**.	11	3
Unterwegs sehen sie noch weitere Skiläufer.	24	15
Diese kommen aus **allen Himmelsrichtungen**.	4	9
Am Abend sind sie erschöpft, hungrig und müde.	18	22

2. Male die Lösungsfelder an.

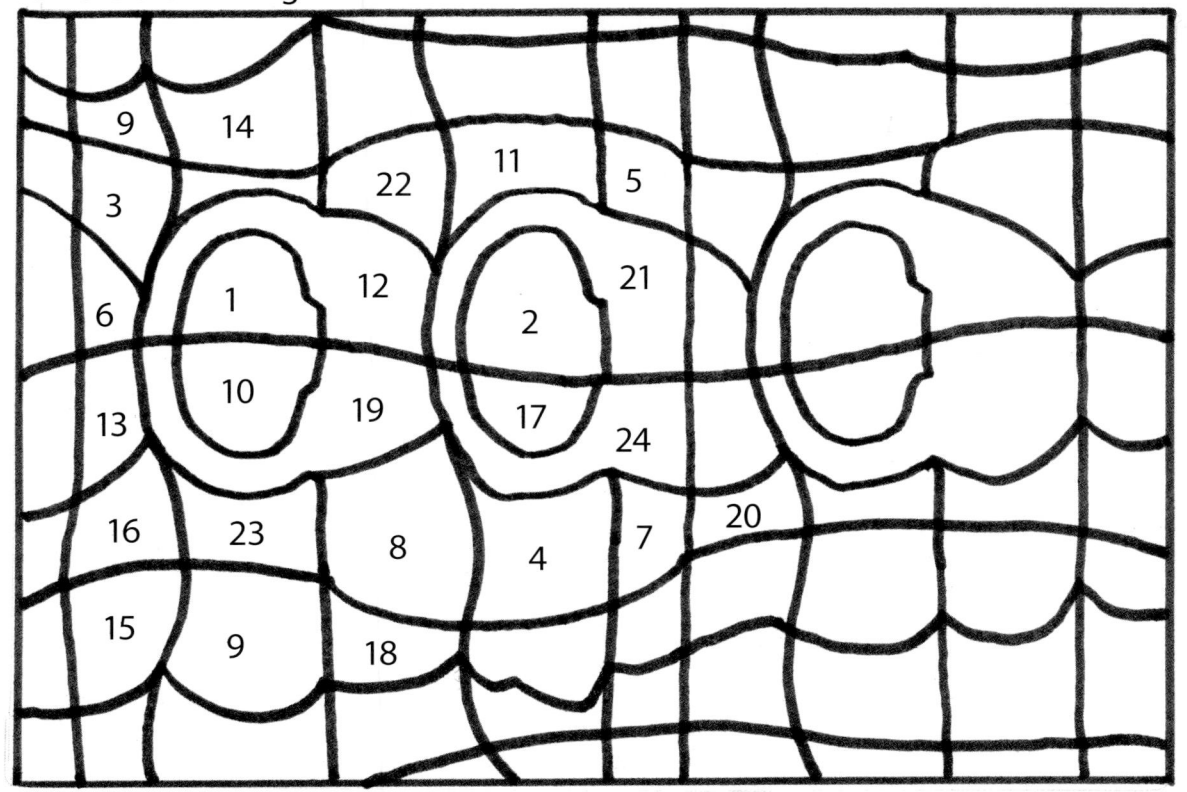

3. Schreibe die Fragen nach den Satzteilen in dein Heft, z.B.: Wann machen die Hubers Skiurlaub? …

Lösungen

Namenwörter (Nomen) – Einzahl oder Mehrzahl?

1. Einige Namenwörter (Nomen) sind in den Sätzen fett gedruckt. Stehen diese Namenwörter (Nomen) in der Einzahl oder in der Mehrzahl?

Auf dem Bauernhof

		Einzahl	Mehrzahl
1.	Die **Kühe** grasen friedlich auf der Weide.	16	3
2.	Der **Hund** des Bauern bewacht alle Tiere.	12	27
3.	Die **Schafe** laufen blökend über den Deich.	24	4
4.	Die **Kaninchen** bekommen Löwenzahnblätter zu fressen.	2	11
5.	Kleine **Küken** laufen piepsend über den Hof.	26	23
6.	Ein **Fuchs** schleicht sich in den Hühnerstall.	30	10
7.	Blitzschnell schnappt er sich ein **Huhn**.	20	1
8.	Aus dem **Stall** hört man lautes Gegacker.	5	15
9.	Auch die **Gänse** nebenan fangen an zu schreien.	9	19
10.	Schnell macht sich der Fuchs aus dem **Staub**.	28	6
11.	Zwei **Pferde** werden aus dem Stall geholt.	14	22
12.	Friedlich scheint die **Sonne** am Himmel.	7	29
13.	Die **Bienen** fliegen zu den Blüten des Obstbaumes.	8	13
14.	Der **Bauer** muss noch die Schweine füttern.	17	18
15.	Sie bekommen **Kartoffeln** und Fertigfutter.	21	25

2. Male die Lösungsfelder an.

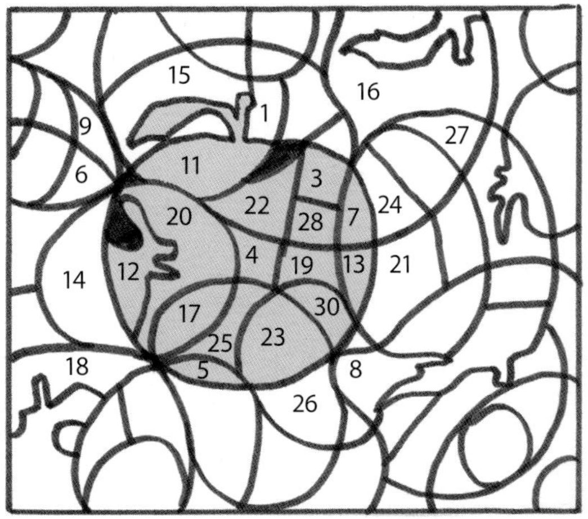

3. Schreibe die Sätze in dein Heft. Unterstreiche **alle** Namenwörter (Nomen).

Seite 1

Bestimmte und unbestimmte Begleiter (Artikel)

1. In den Sätzen haben die fett gedruckten Namenwörter (Nomen) einen bestimmten Begleiter. Welche **unbestimmten Begleiter** (Artikel) passen zu diesen Namenwörtern (Nomen)?

Im Zoo

		Ein/ein	Eine/eine
1.	Die Kinder bewundern die **Vogelspinne**	9	2
2.	Im Affenhaus schläft der **Gorilla**.	17	22
3.	Das **Flusspferd** schwimmt im Wasser.	12	8
4.	Der **Seelöwe** bekommt Fische zu fressen.	3	21
5.	Die **Giraffe** schaut neugierig über das Gitter.	1	11
6.	Am Baum hängt regunglos das **Faultier**.	16	24
7.	Flink klettert die **Ziege** den Felsen hinauf.	7	4
8.	Der **Saurier** am Eingang ist leider aus Beton.	20	15
9.	Im Aquarium schwimmt die **Robbe** im Kreis.	18	5
10.	Das **Wildschwein** sucht nach Eicheln.	23	10
11.	Auf einem Ast sitzt die **Eule**.	6	13
12.	Die **Fledermaus** hängt mit dem Kopf nach unten am Baum.	14	19

2. Male die Lösungsfelder an.

3. Schreibe die Sätze mit unbestimmtem Begleiter ins Heft. Unterstreiche **alle** Namenwörter (Nomen).

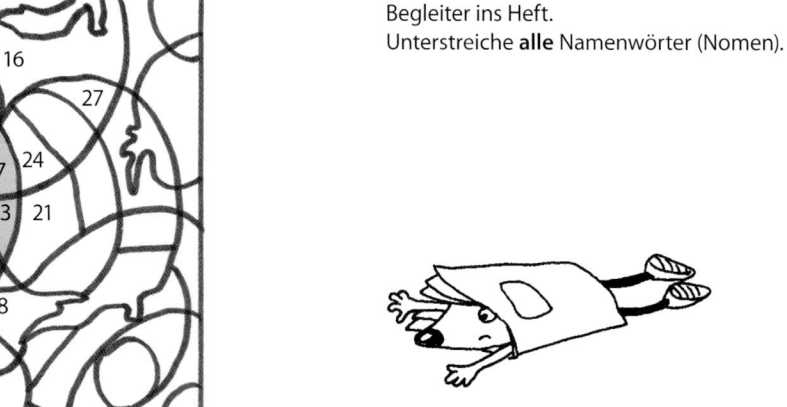

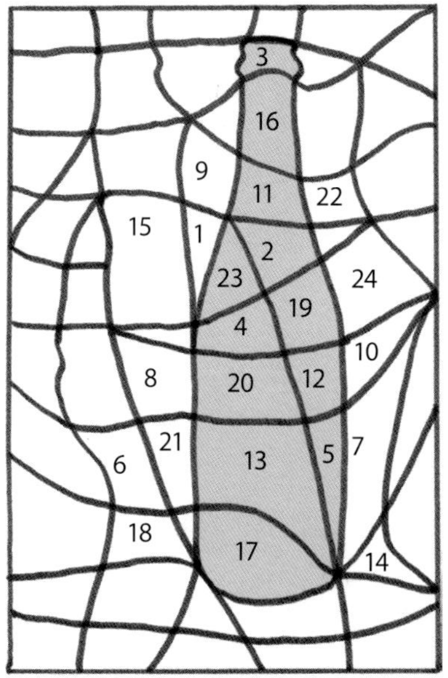

Seite 2

Bd. 425. Heiner Müller: Sprache untersuchen/Klasse 3
© Persen Verlag GmbH, Buxtehude

Namenwörter (Nomen) – Einzahl und Mehrzahl von Namenwörtern

1. Welche Nomen haben in der Einzahl und in der Mehrzahl die gleiche Form? Schreibe sie in der Einzahl und in der Mehrzahl auf. Suche das Lösungswort.

Schaukel		**?**		S	
Kern	O	Dackel	S	S	der Dackel – die Dackel
Teller	P	Gewitter	T	T	das Gewitter – die Gewitter
Fernseher	U	Nummer	A	U	der Teller – die Teller
Muschel	B	Vater	D	B	der Fernseher – die Fernseher
Acker	K	Pudel	E	E	der Pudel – die Pudel
Lehrer	C	Theater	N	N	das Theater – die Theater
Nudel	F	Kammer	K	F	der Lehrer – die Lehrer
Messer	S	Igel	L	L	der Igel – die Igel
Vogel	I	Tochter	L	I	das Messer – die Messer
Gebäude	A	Esel	E	E	der Esel – die Esel
Mutter	G	Hexe	D	G	das Gebäude – die Gebäude
	I	Schalter	E	E	der Schalter – die Schalter

Das Lösungswort heißt: S T U B E N F L I E G E

2. Schreibe die übrigen Wörter in der Einzahl und in der Mehrzahl auf.

die Schaukel – die Schaukeln; der Kern – die Kerne;

die Nummer – die Nummern; der Vater – die Väter;

die Muschel – die Muscheln; der Acker – die Äcker;

die Kammer – die Kammern; die Nudel – die Nudeln

die Tochter – die Töchter; der Vogel – die Vögel

die Hexe – die Hexen; die Mutter – die Mütter

Seite 3

Die Endungen -chen und -lein machen alles klein.

Namenwörter (Nomen) – Verkleinerungsformen von Namenwörtern

1. Welche Wörter mit „-chen" am Ende sind keine Verkleinerungsformen? Schreibe zu den Wörtern, die Verkleinerungsformen sind, ihre Grundform und die Verkleinerungsform mit „-lein" auf.

Drachen	**21**	Wörtchen	**8**	*das Wort – das Wörtlein*
Töpfchen	12	Kuchen	**3**	*der Topf – das Töpflein*
Verbrechen	**24**	Früchtchen	10	*die Frucht – das Früchtlein*
Blümchen	2	Zeichen	**16**	*die Blume – das Blümlein*
Flächen	**20**	Schäfchen	18	*das Schaf – das Schäflein*
Eichen	**23**	Stiftchen	1	*der Stift – das Stiftlein*
Hündchen	9	Rachen	**5**	*der Hund – das Hündlein*
Köpfchen	4	Lachen	**13**	*der Kopf – das Köpflein*
Stechen	**15**	Herrchen	19	*der Herr – das Herrlein*
Bänkchen	22	Versprechen	**14**	*die Bank – das Bänklein*
Knochen	**7**	Füßchen	6	*der Fuß – das Füßlein*
Lichtchen	17	Sachen	**11**	*das Licht – das Lichtlein*

2. Male die Lösungsfelder an.

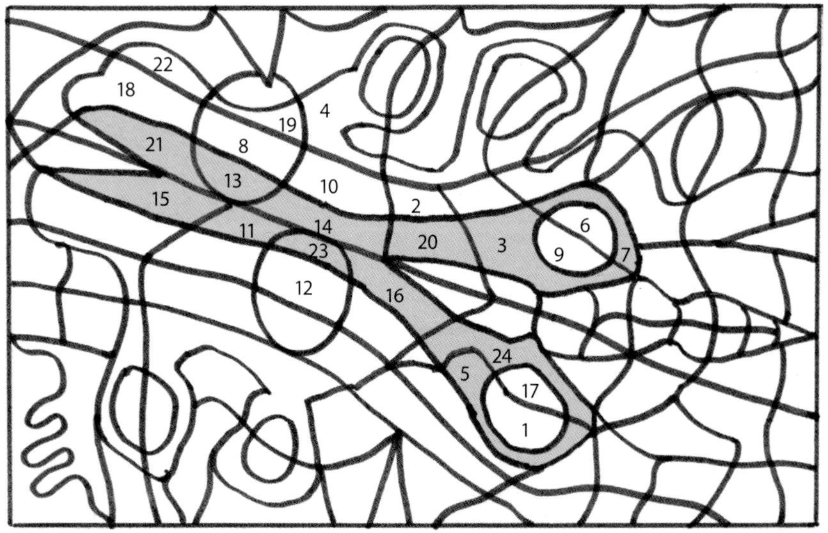

Seite 4

Namenwörter (Nomen) – Zusammengesetzte Namenwörter (2)

1. Verbinde die Wörter und Bilder, die ein zusammengesetztes Namenwort (Nomen) ergeben. Benutze ein Lineal. Jede Linie trifft auf einen Buchstaben. Trage die Buchstaben in die Lösungsfelder ein.

1.	Wasser
2.	Schatz
3.	Hals
4.	Maurer
5.	Koch
6.	Sturm
7.	Arm
8.	Keller
9.	Schaukel
10.	Mond
11.	Telefon
12.	Stachel

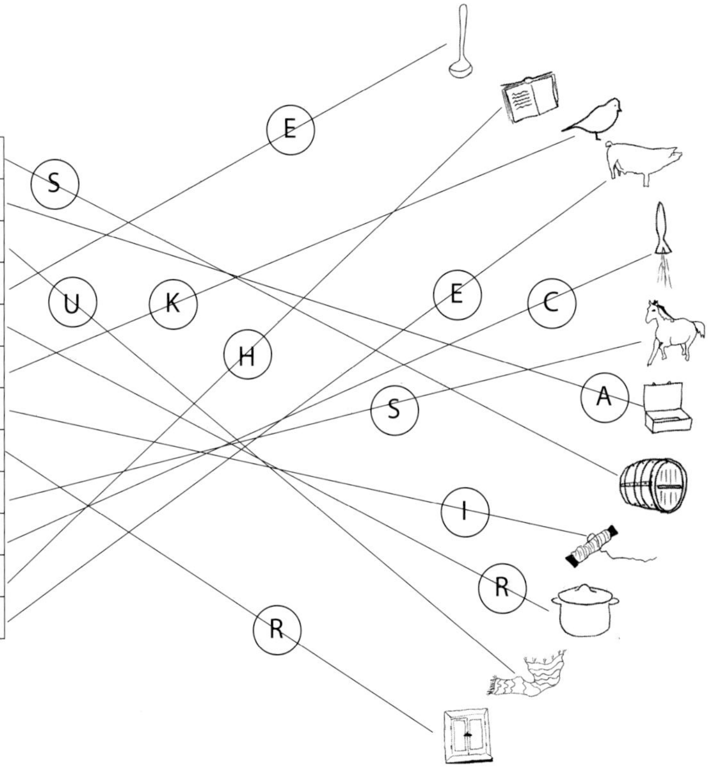

Lösungswort: ① S ② A ③ U ④ E ⑤ R ⑥ K ⑦ I ⑧ R ⑨ S ⑩ C ⑪ H ⑫ E

2. Schreibe die zusammengesetzten Namenwörter (Nomen) mit ihren Begleitern (Artikeln) in dein Heft.

Die Wörterliste soll dir dabei helfen:
Kiste – Band – Topf – Pferd – Rakete – Buch – Fenster – Kelle – Schwein – Fass – Tuch – Vogel.

Seite 6

Namenwörter (Nomen) – Zusammengesetzte Namenwörter (1)

1. Verbinde die Wörter und Bilder, die ein zusammengesetztes Namenwort (Nomen) ergeben. Benutze ein Lineal. Jede Linie trifft auf einen Buchstaben. Trage die Buchstaben in die Lösungsfelder ein.

1.	Band
2.	Kuchen
3.	Tisch
4.	Vogel
5.	Haus
6.	Milch
7.	See
8.	Gold
9.	Luft
10.	Brief
11.	Nagel
12.	Regen

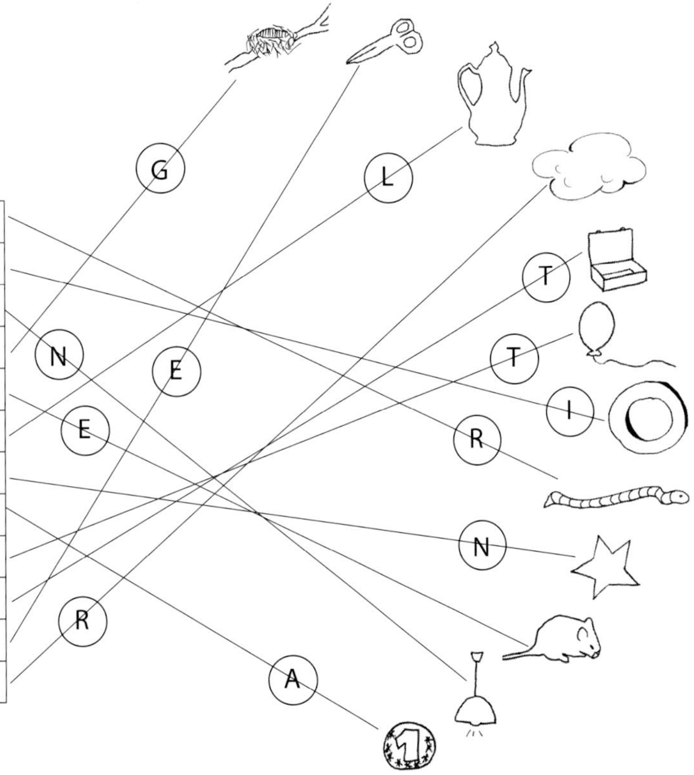

Lösungswort: ① R ② I ③ N ④ G ⑤ E ⑥ L ⑦ N ⑧ A ⑨ T ⑩ T ⑪ E ⑫ R

2. Schreibe die zusammengesetzten Namenwörter (Nomen) mit ihren Begleitern (Artikeln) in dein Heft.

Die Wörterliste soll dir dabei helfen:
Ballon – Lampe – Nest – Münze – Kanne – Wolke – Maus – Schere – Teller – Stern – Wurm – Kasten.

Seite 5

Namenwörter (Nomen) – Zusammengesetzte Namenwörter und bestimmte Begleiter (Artikel)

Ordne die zusammengesetzten Namenwörter (Nomen) nach ihren bestimmten Begleitern (Artikeln). Übertrage auch die Buchstaben in die Lösungsspalte und verändere nicht die Reihenfolge!

Hutständer	T	Armband	A	Eisbahn	D
Öllampe	R	Wintertag	O	Volkslied	L
Motorrad	M	Grenzlinie	R	Eierlauf	R
Regenschirm	N	Wegweiser	N	Gaststätte	S
Tennisball	D	Bahnstrecke	A	Flötenspiel	R
Wollmütze	E	Betttuch	D	Ruderboot	S
Parkplatz	O	Fundbüro	O	Müllabfuhr	N

der		?	die		?	das		?
	Hutständer	T		Eisbahn	T		Armband	A
	Wintertag	O		Öllampe	O		Volkslied	L
	Eierlauf	R		Grenzlinie	R		Motorrad	M
	Regenschirm	N		Gaststätte	N		Flötenspiel	R
	Wegweiser	A		Bahnstrecke	A		Betttuch	O
	Tennisball	D		Wollmütze	D		Ruderboot	S
	Parkplatz	O		Müllabfuhr	O		Fundbüro	E

Lösungswörter:

T	O	R	N	A	D	O
D	R	E	S	D	E	N
A	L	M	R	O	S	E

Seite 7

Namenwörter (Nomen) – Zusammengesetzte Namenwörter und unbestimmte Begleiter (Artikel)

Ordne die zusammengesetzten Namenwörter (Nomen) nach ihren unbestimmten Begleitern (Artikeln). Übertrage auch die Buchstaben in die Lösungsspalte und verändere nicht die Reihenfolge.

Waldwiese	N	Laubhaufen	E	Getreideernte	L
Papierstreifen	U	Baumkrone	D	Küchenmesser	D
Dorfkirche	E	Rosenkohl	E	Klassenraum	L
Seifenschale	N	Rübenacker	N	Pausenhalle	B
Kinderlexikon	O	Holzkiste	E	Seidenfaden	L
Futterrübe	I	Kartoffelkäfer	Z	Schulkirche	N

ein		?	eine		?
	Laubhaufen	N		Waldwiese	E
	Papierstreifen	U		Getreideernte	L
	Küchenmesser	D		Baumkrone	F
	Rosenkohl	E		Dorfkirche	E
	Klassenraum	L		Seifenschale	N
	Rübenacker	H		Pausenhalle	B
	Kinderlexikon	O		Holzkiste	E
	Seidenfaden	L		Futterrübe	I
	Kartoffelkäfer	Z		Schulkirche	N

Lösungswörter:

| N | U | D | E | L | H | O | L | Z |
| E | L | F | E | N | B | E | I | N |

Seite 8

Namenwörter (Nomen) – Sammelbegriffe (Oberbegriffe) (1)

Mit Sammelbegriffen kann man mehrere zusammenhängende Dinge bezeichnen.

1. Verbinde die Sammelbegriffe auf der linken Seite mit den dazugehörigen Unterbegriffen. Benutze ein Lineal. Jede Linie trifft einen Buchstaben. Trage die Buchstaben in die Lösungsfelder ein. Ergänze die fehlenden Begleiter (Artikel).

1.	das Spielzeug
2.	die Kleidung
3.	das Tier
4.	das Getränk
5.	der Mensch
6.	das Geschirr
7.	das Werkzeug
8.	die Pflanze
9.	die Möbel
10.	das Obst
11.	das Gewässer
12.	das Schreibgerät

| das Krokodil |
| die Kiwi |
| die Schüssel |
| die Puppe |
| das Veilchen |
| die Limonade |
| der Fluss |
| die Hose |
| der Tisch |
| die Pilotin |
| der Füller |
| die Zange |

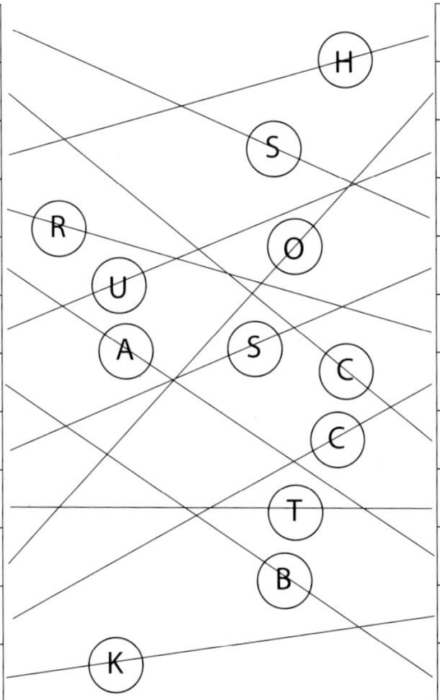

Lösungswort:

1	2	3	4	5	6	7	8	9	10	11	12
S	C	H	R	A	U	B	S	T	O	C	K

2. Schreibe die Sammelbegriffe in dein Heft und suche dazu jeweils zwei weitere Begriffe.

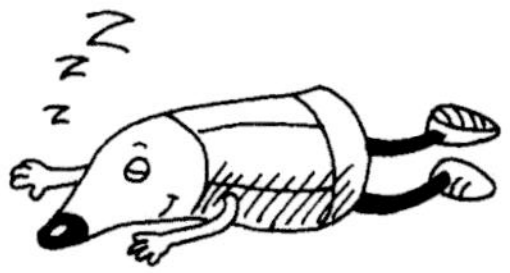

Seite 9

Namenwörter (Nomen) – Sammelbegriffe (Oberbegriffe) (2)

1. Ein Wort in jeder Zeile gehört nicht zum gleichen Sammelbegriff. Schreibe die Wörter auf, die nicht dazugehören.

Kohl	21	Lampe	**24**	Salat	10	*die Lampe*
Fernseher	**36**	Rathaus	34	Kirche	5	*der Fernseher*
Stiefel	17	Sandale	4	Roller	**26**	*der Roller*
Fleisch	**6**	Quartett	30	Domino	18	*das Fleisch*
Leberwurst	27	Draht	**13**	Salami	1	*der Draht*
Flieder	9	Primel	32	Brille	**20**	*die Brille*
Bonbon	12	Pulli	**2**	Lolli	14	*der Pulli*
Laub	**33**	Rücken	22	Bauch	29	*das Laub*
See	19	Meer	7	Vase	**23**	*die Vase*
Saft	25	Milch	15	Kreisel	**31**	*der Kreisel*
Käse	3	Essig	**11**	Quark	8	*der Essig*
Brücke	**35**	Brot	28	Kekse	16	*die Brücke*

2. Male die Lösungsfelder an.

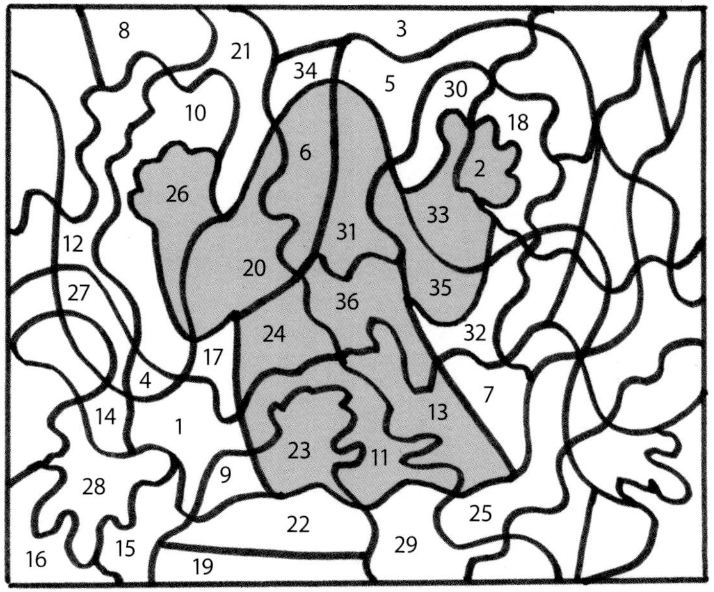

3. Welche Sammelbegriffe stecken in den Wörtern der Zeilen oben? Schreibe sie in dein Heft.

Seite 10

Fürwörter – Pronomen (1)

1. Durch welche Fürwörter (Pronomen) können die unterstrichenen Namenwörter (Nomen) mit ihren Begleitern ersetzt werden?

		Er	Sie	Es
1.	Das Kamel hat zwei Höcker.	7	14	**27**
2.	Der Strauß hat schöne Federn.	**23**	1	22
3.	Das Känguru hat einen Beutel für das Junge.	20	32	**13**
4.	Der Elefant hat einen Rüssel und zwei Stoßzähne.	**34**	9	2
5.	Die Schlange hat einen Giftzahn.	29	**3**	24
6.	Der Löwe hat eine große Mähne.	**21**	36	19
7.	Die Giraffe hat einen langen Hals.	12	**4**	26
8.	Das Zebra hat ein gestreiftes Fell.	8	15	**33**
9.	Die Katze jagt gerne Mäuse.	25	**30**	10
10.	Das Nashorn hat ein Horn auf der Nase.	5	35	**16**
11.	Die Schildkröte hat einen dicken Panzer.	18	**11**	28
12.	Der Papagei hat ein buntes Federkleid.	**31**	17	6

Fürwörter (Pronomen) stehen für Namenwörter (Nomen).

2. Male die Lösungsfelder an.

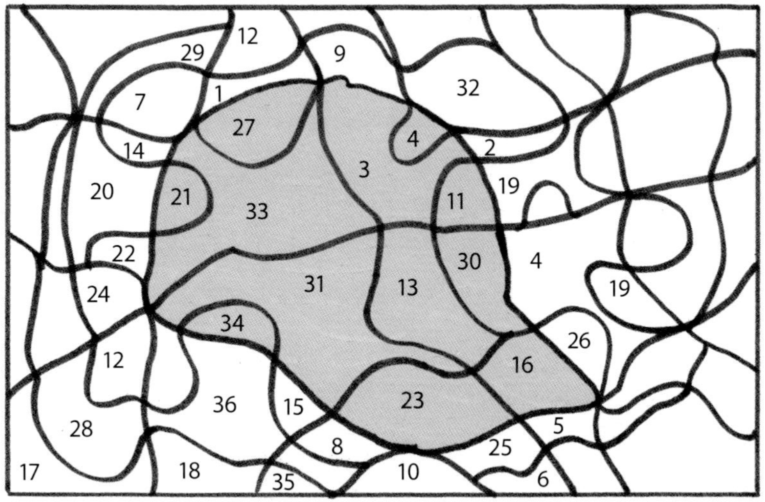

3. Schreibe die Sätze mit den Fürwörtern (Pronomen) in dein Heft.

Seite 11

Fürwörter – Pronomen (2)

1. Durch welche Fürwörter (Pronomen) kannst du die Namenwörter (Nomen) mit ihren Begleitern (Artikeln) ersetzen?

		Er	Sie	Es
1.	das Krokodil	28	64	**66**
2.	die Singdrossel	36	**18**	8
3.	der Taschenkrebs	**15**	57	35
4.	der Seehund	**63**	27	41
5.	das Meerschweinchen	7	1	**17**
6.	der Braunbär	**44**	49	19
7.	der Waschbär	**34**	14	6
8.	die Stechmücke	56	**26**	50
9.	der Goldhamster	**2**	48	29
10.	der Grasfrosch	**65**	43	55
11.	die Bachforelle	20	**3**	58
12.	der Grünfink	**51**	30	37
13.	der Tintenfisch	**60**	9	4
14.	die Stubenfliege	5	**13**	52
15.	das Rotkehlchen	25	38	**33**
16.	die Stockente	21	**16**	47
17.	das Faultier	10	61	**42**
18.	die Erdkröte	31	**39**	22
19.	die Wildkatze	40	**11**	54
20.	der Steinkauz	**53**	45	23
21.	die Schildkröte	59	**24**	12
22.	der Maikäfer	**62**	46	32

2. Male die Lösungsfelder an.

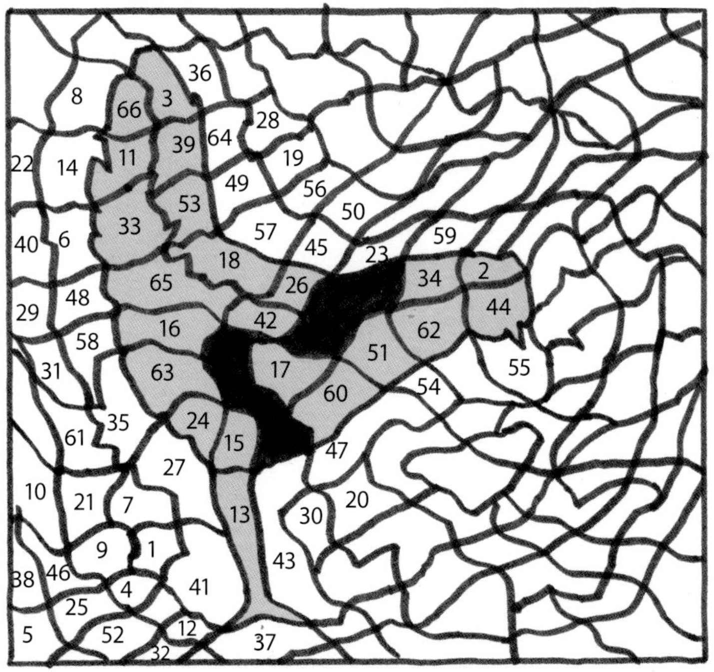

Seite 12

Fürwörter – Pronomen (3)

1. Durch welche Fürwörter (Pronomen) kannst du die Wörter in Klammern ersetzen?

Auf dem Schulhof	Wir/wir	Ihr/ihr	Sie/sie
1. (Lars und Anna) laufen schnell auf den Schulhof.	32	12	**35**
2. „(Lars und ich) haben einen Ball!", ruft Anna.	**21**	17	25
3. „(Lars und du) seid aber viel zu schnell für uns", entgegnet Fritz.	2	**20**	13
4. (Fritz und Ferdi) wollen auch eine Mannschaft bilden.	6	30	**34**
5. (Anton und Brigitte) schauen lieber zu.	24	7	**36**
6. „(Anton und du) seid Spielverderber!", ruft Fritz Brigitte zu.	16	**1**	18
7. „(Du und Ferdi) seid auch nicht viel besser", entgegnet Brigitte.	14	**5**	23
8. „(Ich und Anton) haben auch schon mal gewonnen", fährt sie fort.	**11**	28	8
9. „(Anton und du) hattet da aber nur Glück!", neckt Ferdi.	22	**19**	3
10. Dann spielen (Anna, Lars, Anton und ich) eben zusammen", erwidert Fritz.	**4**	26	9
11. (Anna, Lars, Anton und Fritz) beginnen mit dem Kreisspiel.	10	15	**31**
12. Dann gehen (Anton und Brigitte) in die Pausenhalle.	33	27	**29**

2. Male die Lösungsfelder an.

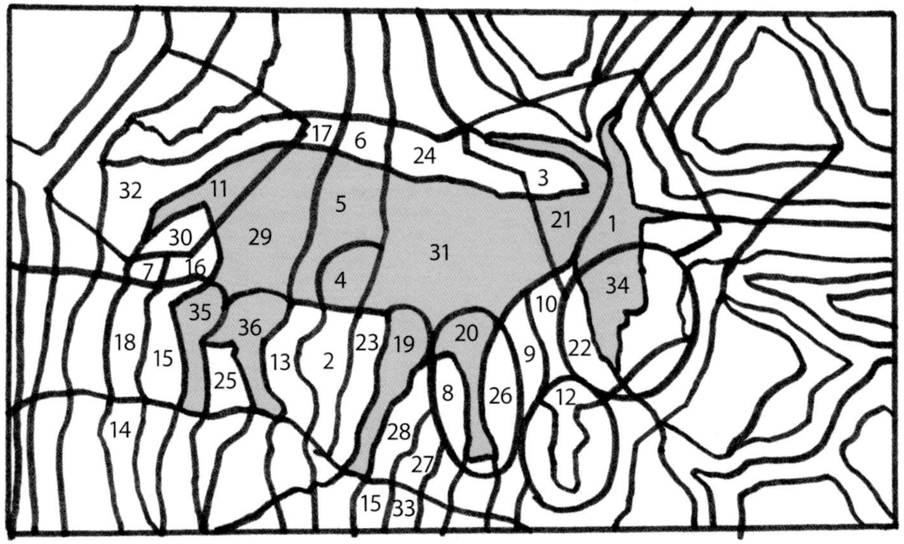

3. Schreibe die Sätze mit den richtigen Fürwörtern (Pronomen) in dein Heft.

Seite 13

Tuwörter (Verben) – Tuwörter in der Grundform

1. Suche die Tuwörter (Verben). Schreibe sie in der Grundform auf.

LACHT	**24**	GESELLE	4	*lachen*
PAPIER	5	LERNT	**1**	*lernen*
BALKEN	17	FÄLLT	**23**	*fallen*
FLIEGST	**2**	FLEISCH	18	*fliegen*
GESICHT	13	ZIEHT	**22**	*ziehen*
SCHREIBST	**3**	HIRSCH	19	*schreiben*
BETON	9	BELLE	**20**	*bellen*
SCHEINT	**7**	DRACHEN	15	*scheinen*
GRÄBT	**11**	SEIDE	6	*graben*
FELD	10	BLÄST	**14**	*blasen*
STÜRZT	**16**	FAMILIE	21	*stürzen*
FISCH	8	EILT	**12**	*eilen*

2. Male die Lösungsfelder an.

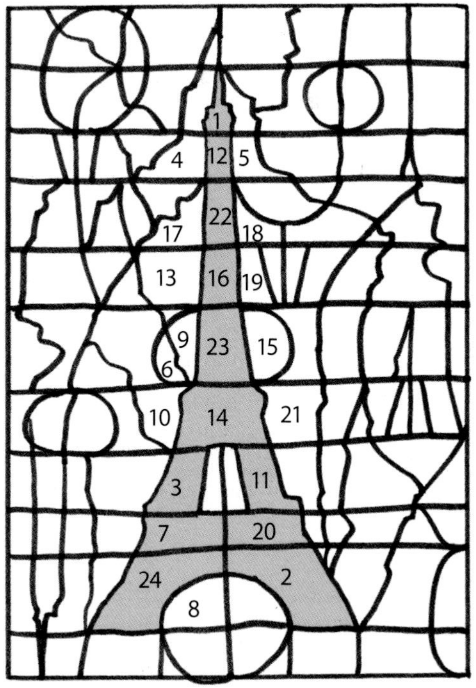

Seite 14

Tuwörter (Verben) – Tuwörter in der Vergangenheit

1. Schreibe die passenden Tuwörter (Verben) in die Lücken und schreibe die Lösungsbuchstaben in die Kästen.

		?
1. Rico _half_ seiner Mutter in der Küche beim Abwaschen.	B
2. Plötzlich _rutschte_ ihm ein nasser Teller aus der Hand.	E
3. Der Teller _fiel_ ungebremst zu Boden.	G
4. Er _zerbrach_ in tausend Teile.	E
5. Rico _fing_ an zu weinen.	I
6. Da _hörte_ sein Vater den Lärm.	S
7. Er _eilte_ erschrocken in die Küche.	T
8. Da _sah_ er die Bescherung mit eigenen Augen.	E
9. Aber er _tröstete_ seinen Sohn.	R
10. Dann _fegten_ sie gemeinsam die Scherben auf.	U
11. Mutter _sagte_ überhaupt nichts dazu.	N
12. Sie _freute_ sich, dass es nur ein alter Teller war.	G

sah	E	hörte	S	tröstete	R	zerbrach	E
fiel	G	freute	G	half	B	sagte	N
fegten	U	rutschte	E	eilte	T	fing	I

Lösungswort:

| ① | ② | ③ | ④ | ⑤ | ⑥ | ⑦ | ⑧ | ⑨ | ⑩ | ⑪ | ⑫ |
| B | E | G | E | I | S | T | E | R | U | N | G |

2. Schreibe die Tuwörter (Verben) in der Grundform:
helfen, rutschen, fallen, zerbrechen, fangen, hören, eilen, sehen, trösten, fegen, sagen, freuen

_____
_____

Seite 16

Tuwörter (Verben) – Gebeugte Formen der Tuwörter

Ez=Einzahl
Mz=Mehrzahl

1. Welche Endung passt?

	-e	-st	-t	-en
ich packe	**15**	32	24	31
du erlebst	28	**6**	41	**13**
ich rate	38	14	**3**	17
du kennst	18	**35**	**99**	11
du träumst	5	**37**	47	**2**
ich reiße	**34**	19	30	**42**
du ziehst	23	**39**	**45**	25
ich fühle	**44**	4	**1**	**48**
du backst	40	**22**	20	**33**
du drehst	7	**46**	**16**	36
ich hoffe	**9**	8	12	**21**
ich schimpfe	**29**	10	**26**	43

2. Male die Lösungsfelder an.

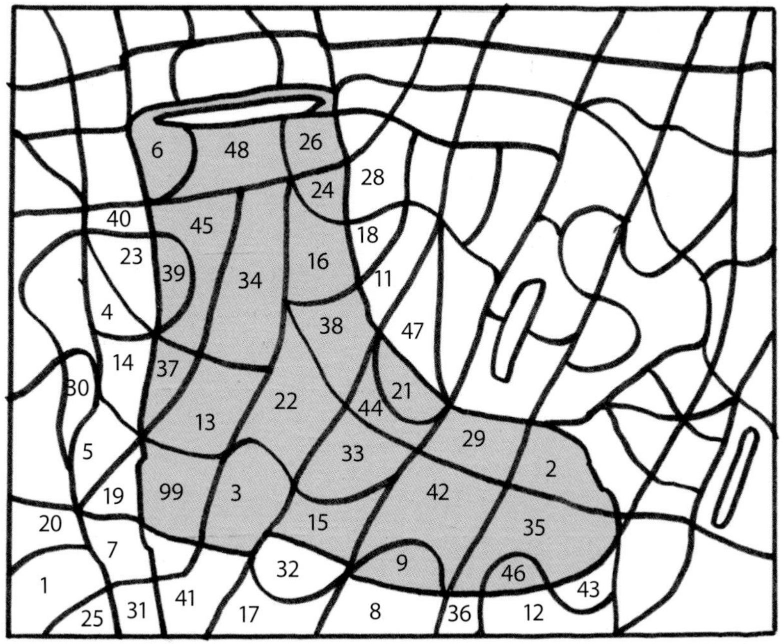

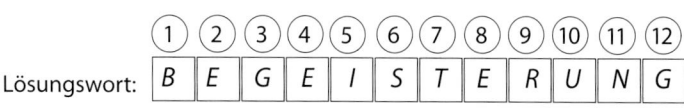

3. Schreibe die Fürwörter (Pronomen) und die richtigen Verbformen in dein Heft.

Seite 15

Wiewörter (Adjektive) – Gegenteilige Wiewörter

1. Verbinde immer die beiden Wiewörter (Adjektive), die das Gegenteil bedeuten. Benutze ein Lineal. Jede Linie trifft auf einen Buchstaben. Trage die Buchstaben in die Lösungsfelder ein. Verändere nicht die Reihenfolge der Wörter.

1.	spät
2.	fleißig
3.	tief
4.	scharf
5.	fett
6.	trocken
7.	glatt
8.	stark
9.	schief
10.	dumm
11.	süß
12.	schmutzig
13.	eckig
14.	offen

| stumpf |
| nass |
| sauer |
| faul |
| gerade |
| rau |
| hoch |
| geschlossen |
| früh |
| schwach |
| rund |
| klug |
| sauber |
| mager |

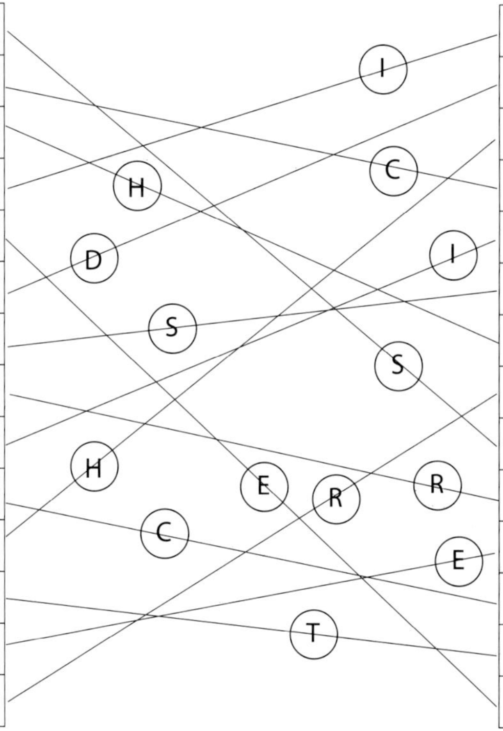

Lösungswort:

1	2	3	4	5	6	7	8	9	10	11	12	13	14
S	C	H	I	E	D	S	R	I	C	H	T	E	R

2. Schreibe die Wortpaare, die das Gegenteil bedeuten, in dein Heft.

Seite 18

Tuwörter (Verben) – Gegenwart (Präsens) und 1. Vergangenheit (Präteritum)

1. In welcher Zeit stehen diese Sätze? Unterstreiche die Tuwörter (Verben).

	Gegenwart	1. Vergangenheit
Das Mofa braust die Landstraße entlang.	**5**	24
Ein Zug ratterte über die Schienen.	14	**17**
Flugzeuge landeten auf dem Flugplatz.	8	**13**
Der Hubschrauber knattert zum Unfallort.	**23**	1
Fahrräder flitzten über die Radwege.	18	**4**
Mühsam rumpelt die Kutsche über das Pflaster.	**15**	9
Die Autos hielten vor der Einmündung.	19	**22**
Viele Fußgänger warten an der Ampel.	**10**	2
Ein Polizist verteilt Strafzettel.	**7**	16
Ein Lastwagen sauste um die Kurve.	21	**11**
Langsam rollt ein Motorrad aus der Einfahrt.	**3**	6
Der Lieferwagen brachte die Getränkekisten.	12	**20**

2. Male die Lösungsfelder an.

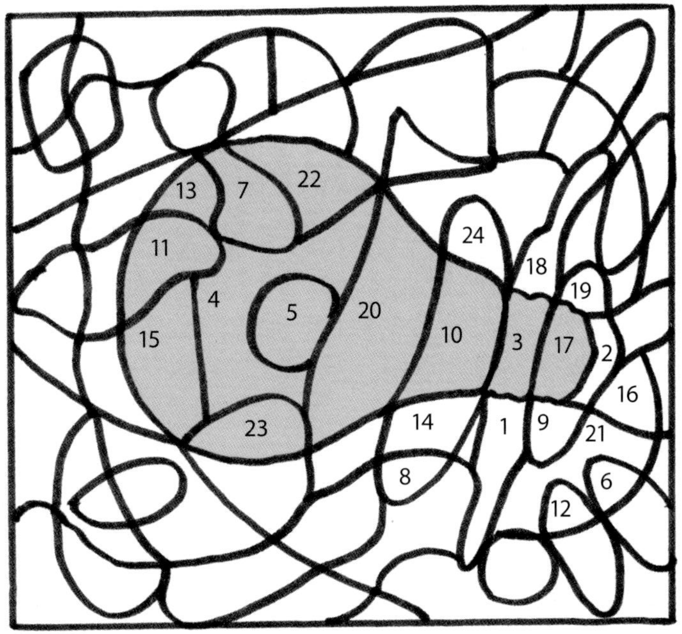

3. Schreibe alle Sätze in der Gegenwart in dein Heft und unterstreiche die Tuwörter (Verben).

4. Schreibe alle Sätze in der Vergangenheit in dein Heft und unterstreiche die Tuwörter (Verben).

Seite 17

Wiewörter (Adjektive) – Zusammengesetzte Wiewörter

1. a) Was ist das Bestimmungswort (1. Wortteil) für eine Wortart?
   b) Unterstreiche das Bestimmungswort.

	Namenwort (Nomen)	Tuwort (Verb)		Namenwort (Nomen)	Wiewort (Adjektiv)
lesefreundlich	18	**34**	essigsauer	15	32
turmhoch	**37**	8	altklug	24	**7**
handwarm	**46**	13	beinhart	**5**	30
sommerheiß	**21**	40	rosarot	47	**17**
wunderschön	**9**	28	hundemüde	**11**	42
schreibfaul	23	**1**	daumendick	**48**	4
fahrtauglich	**2**	**36**	hellblau	22	**39**
himmelweit	**26**	20	schwerbeschädigt	6	**44**
kuschelweich	**10**	**45**	federleicht	**35**	25
steinalt	**29**	31	lauwarm	43	**12**
trinkfertig	33	**3**	riesengroß	**38**	19
glasklar	**14**	41	dunkelhäutig	16	**27**

2. Male die Lösungsfelder an.

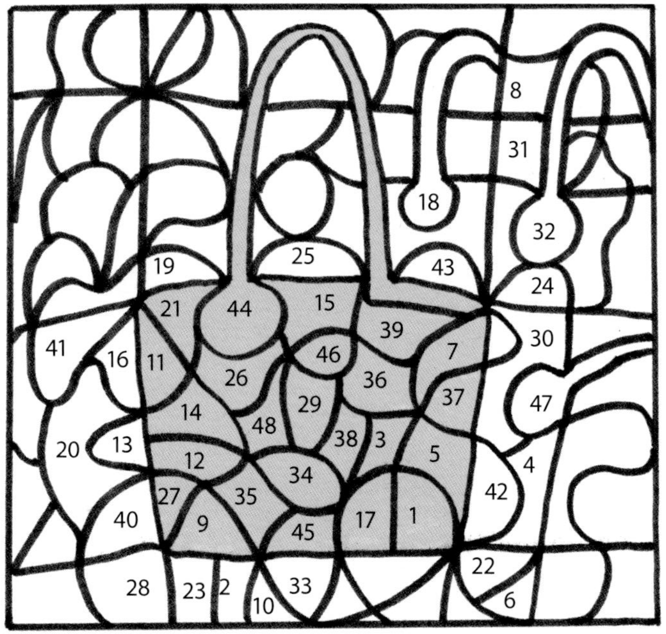

3. Erkläre, was die zusammengesetzten Wiewörter (Adjektive) bedeuten.

4. Bilde Sätze mit den zusammengesetzten Wiewörtern (Adjektiven) und schreibe sie in dein Heft.

Seite 19

Wiewörter (Adjektive) – Die Steigerungsstufen der Wiewörter

Wiewörter kann man steigern: klein – kleiner – am kleinsten.

1. Unterstreiche die Wiewörter (Adjektive) und überlege, welche Stufe das ist.

	Grundstufe	Mehrstufe	Meiststufe
Ein scharfes Brotmesser erleichtert das Schneiden.	**12**	32	6
Computerspiele sind bei uns am beliebtesten.	24	1	**16**
Der Kölner Dom ist berühmter als unsere Kirche.	7	**20**	28
Mein Becher ist schöner als Peters Tasse.	15	**11**	36
Am Strand liegen große Wasserbälle.	**2**	34	14
Die kostbarsten Steine sind Diamanten.	10	25	**31**
Oma kauft sich billige Gartenpflanzen.	**21**	3	19
Auf der Autobahn fahren alle am schnellsten.	29	8	**23**
Elefanten gehören zu den stärksten Tieren.	4	33	**35**
Honig schmeckt süßer als Obst.	17	**26**	5
Ein Säbel ist länger als ein Messer.	22	**9**	13
Sauberes Geschirr glänzt in der Sonne.	**30**	27	18

2. Male die Lösungsfelder an.

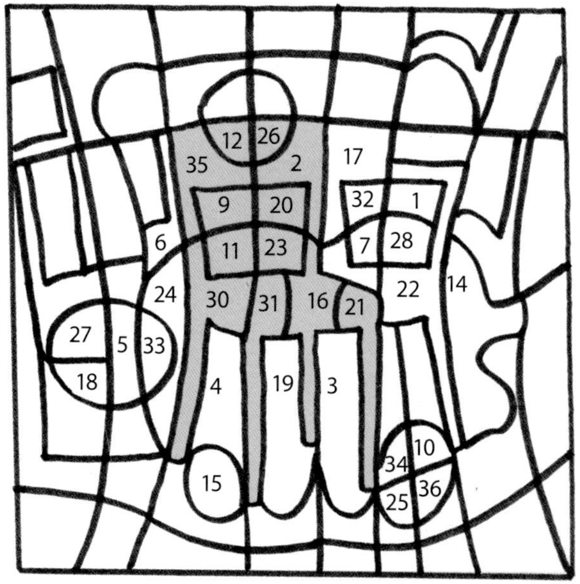

3. Schreibe die Sätze in dein Heft.

4. Schreibe zu jedem Wiewort (Adjektiv) die drei Stufen auf. Z. B.: groß – größer – am größten.

Seite 20

Wiewörter (Adjektive) – Vergleiche mit Wiewörtern (1)

Wenn zwei Sachen gleich sind, steht nach dem Wiewort (Adjektiv) „wie".

Nach einem Wiewort (Adjektiv) in der Mehrstufe steht das Vergleichswort „als".

1. Welches Vergleichswort ist richtig?

	als	wie
Unsere Klasse ist so fröhlich _wie_ unser Lehrer.	12	22
Die Alpen sind höher _als_ der Harz.	17	7
Eisen ist schwerer _als_ Kunststoff.	6	11
Im Korb sind so viele Äpfel _wie_ in der Kiste.	21	1
Gummi ist biegsamer _als_ Holz.	24	16
Gänse sind so wachsam _wie_ Hunde.	2	13
Seehunde schwimmen so gut _wie_ Fische.	8	18
Erdbeeren schmecken süßer _als_ Zitronen.	15	3
Der Salat ist so frisch _wie_ der Kohlrabi.	19	23
Ein Kissen ist weicher _als_ ein Fußboden.	4	9
Der Baumstamm ist so dick _wie_ eine Tonne.	20	5
Am Strand liegt mehr Sand _als_ in der Sandkiste.	10	14

2. Male die Lösungsfelder an.

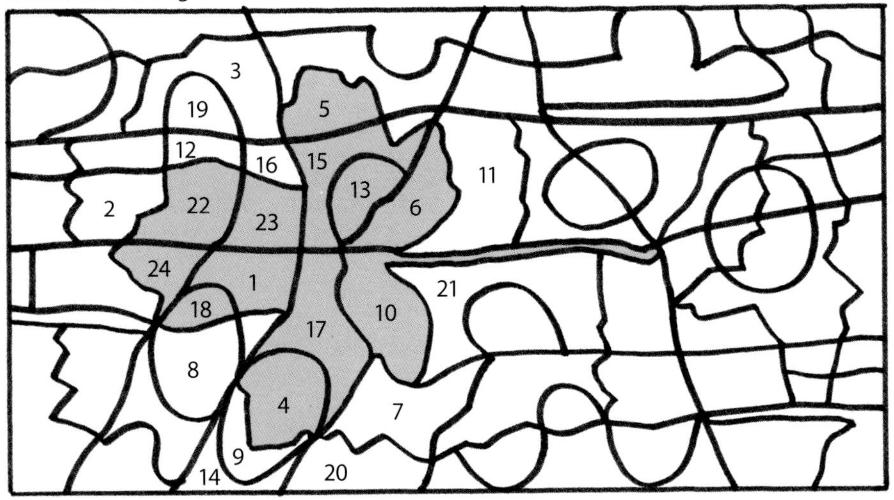

3. Schreibe die Sätze in dein Heft.

Seite 21

Wiewörter (Adjektive) – Vergleiche mit Wiewörtern (2)

1. Welches Wort fehlt hier beim Vergleich? Schreibe es in die Lücke.

	als	wie
Ein Fahrrad ist schneller _als_ ein Dreirad.	10	7
Ein Hügel ist kleiner _als_ ein Berg.	21	3
Unsere Schule ist so hoch _wie_ das Rathaus.	6	14
Vaters Auto ist so flach _wie_ Omas Auto.	17	23
Kinder können lauter _als_ Mäuse sein.	2	9
Kutschen gibt es schon länger _als_ Autobusse.	13	1
Mein Wörterbuch ist so dick _wie_ ein Kinderlexikon.	20	18
Malte steht später _als_ Stefan auf.	22	15
Unser Hund ist so gesund _wie_ ein Fisch im Wasser.	11	24
Die Autobahn ist breiter _als_ unsere Hauptstraße.	4	19
Ali spielt besser Fußball _als_ Tom.	16	5
Eine Katzenmutter ist so mutig _wie_ ein Löwe.	8	12

2. Male die Lösungsfelder an.

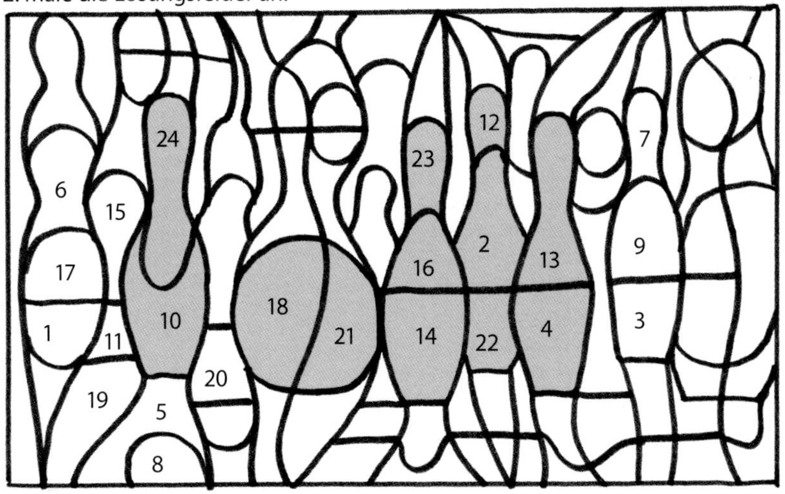

3. Unterstreiche die Wiewörter (Adjektive) in den Sätzen oben rot. Schreibe die Wiewörter (Adjektive) mit der Grundstufe, der Mehrstufe und der Meiststufe auf. Z.B: schnell – schneller – am schnellsten.

4. Schreibe die Sätze in dein Heft und unterstreiche die Wörter „als" und „wie".

Seite 22

Wörter nach Wortarten ordnen

Ordne die Wörter nach Namenwörtern (Nomen), Tuwörtern (Verben) und Wiewörtern (Adjektiven) und schreibe sie in die Tabelle unten. Übertrage auch die Buchstaben hinter den Wörtern. Verändere nicht die Reihenfolge der Wörter.

NASS	F	SOHLE	S	SPRÜHEN	K	STUHL	O
PFERD	L	FEIN	R	OZEAN	A	REGNEN	R
RIESIG	O	PLATSCHEN	I	KÜHL	S	UNFALL	R
BRECHEN	E	TEICH	I	SAUGEN	C	WEICH	C
FROSTIG	H	WACHSEN	H	STANGE	U	STEIGEN	E
WEISS	E	BLANK	I	ERZÄHLEN	N	BRUNNEN	M

Namenwörter (Nomen)		Tuwörter (Verben)		Wiewörter (Adjektive)	?
Sohle		S *sprühen*		K *nass*	F
Stuhl		O *regnen*		R *fein*	R
Pferd		L *platschen*		I *riesig*	O
Ozean		A *brechen*		E *kühl*	S
Unfall		R *saugen*		C *weich*	C
Teich		I *wachsen*		H *frostig*	H
Stange		U *steigen*		E *weiß*	E
Brunnen		M *erzählen*		N *blank*	I

Kontrollwörter:

| S | O | L | A | R | I | U | M |

| K | R | I | E | C | H | E | N |

| F | R | O | S | C | H | E | I |

Seite 23

Wortfamilien – „tragen", „waschen" und „fein"

> Zu einer Wortfamilie gehören Wörter mit demselben Wortstamm.

Welche Wörter gehören zu diesen Wortfamilien? Schreibe die Wörter auf, die dazugehören. Suche die Lösungswörter.

A „tragen"

Angel		N auftragen		L jung		A *auftragen*	?
enger		G spiegeln		O Eisenträger		E *Eisenträger*	L
trägt		I Käfig		K regnen		B *trägt*	E
fertig		Y getragen		S Geruch		E *getragen*	I
Eintragung		T Führung		C fragen		M *Eintragung*	S
beugen		Z Geiz		F erträglich		E *erträglich*	T
							E

B „waschen"

Sachen		V schöner		U Wäsche		W *Wäsche*	?
gewaschen		I Asche		T schmecken		C *gewaschen*	W
erscheinen		A waschbar		E gemacht		V *waschbar*	I
Tasche		Y schweigen		B Abwasch		S *Abwasch*	E
waschend		E Muschel		R Schärfe		D *waschend*	S
Schale		D Wäscherei		L rasch		X *Wäscherei*	E
							L

C „fein"

heizen		J Beine		N feiner		L *feiner*	?
Frieden		P zeitig		E Feinkost		A *Feinkost*	L
weinen		S Feinheit		W Streit		G *Feinheit*	A
feinste		I Leinen		R weit		M *feinste*	W
Ferien		K haarfein		N streiten		F *haarfein*	I
Feingebäck		E Frieren		L Feuer		I *Feingebäck*	N
							E

Kontrollwörter:

| L | E | I | S | T | E |

| W | I | E | S | E | L |

| L | A | W | I | N | E |

Seite 24

Wortfamilien – spielen und verschiedene Wortfamilien

Zu einer Wortfamilie gehören Wörter mit demselben Wortstamm.

1. Welche Wörter gehören zur Wortfamilie „spielen"? Trage die Lösungsbuchstaben in die rechte Spalte ein!

Spiegel	**K**	abwiegen	**L**	Spielzeug	**?**
verspielt	**O**	Ziegelstein	**E**	Liebling	*H*
schieben	**F**	Glockenspiel	**C**	liegen	*O*
spielst	**K**	würzig	**T**	Wiese	*C*
Zielscheibe	**E**	fliegen	**A**	Mitspieler	*K*
besiegen	**N**	Spielerin	**Y**	viele	*E*
					Y

2. Schreibe die Wörter auf, die zur Wortfamilie „spielen" gehören.

Spielzeug, verspielt, Glockenspiel, spielt, Mitspieler, Spielerin

3. Welches Wort in jeder Zeile gehört zu einer anderen Wortfamilie?

Rolle	**W**	Rock	**S**	gerollt	**?**
Rücken	**P**	Ausruf	**O**	rufen	*B*
Gehör	**C**	Hose	**A**	hörend	*T*
fährt	**E**	Fahrrad	**K**	Feld	*R*
Seife	**G**	gesehen	**I**	Sehhilfe	*N*
geturnt	**S**	Turnerin	**F**	trinken	*U*
					E

4. Schreibe die Wörter von Übung 3 auf, die zu einer anderen Wortfamilie gehören.

Rock, Rücken, Hose, Feld, Seife, trinken

Wortfamilien – Verschiedene Wortfamilien (1)

1. Welche Wörter in jeder Zeile gehören zu einer anderen Wortfamilie? Schreibe diese Wörter auf.

geblüht	16	blühen	3	bluten	**8**	*bluten*
Halle	**27**	Hilfe	20	helfen	10	*Halle*
gerollt	35	Riese	**33**	Roller	32	*Riese*
Reisegeld	18	reist	7	Rassel	**11**	*Rassel*
trinken	9	Getränke	23	Träne	**28**	*Träne*
geblieben	14	blasen	**15**	Bleibe	13	*blasen*
Überbringer	2	braten	**4**	zurückbringen	36	*braten*
Angeber	**25**	Ansage	12	sagenhaft	19	*Angeber*
turnst	17	treu	**1**	Turner	24	*treu*
abgeben	31	Gabe	30	Gang	**34**	*Gang*
Verpflegung	26	pflanzen	**21**	Pfleger	22	*pflanzen*
Schauspiel	**5**	Schlaf	6	schläfrig	29	*Schauspiel*

2. Male die Lösungsfelder an.

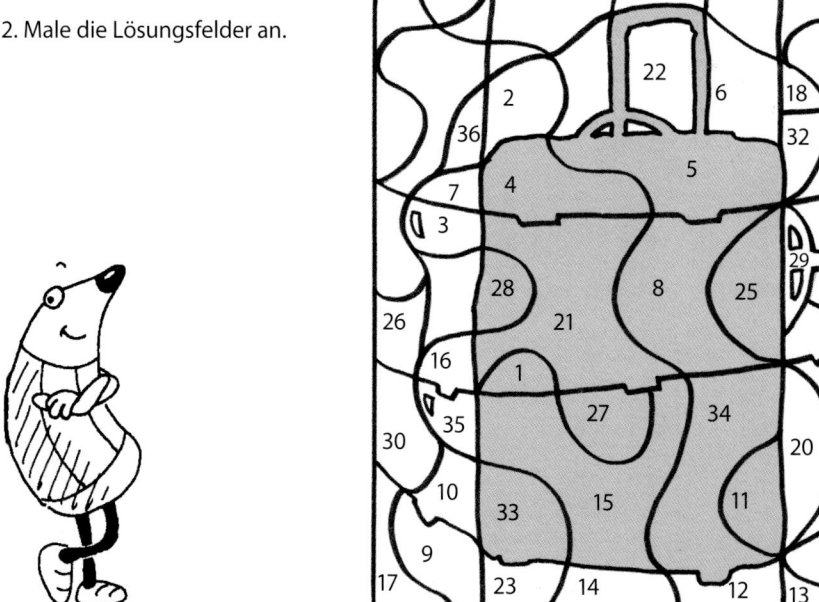

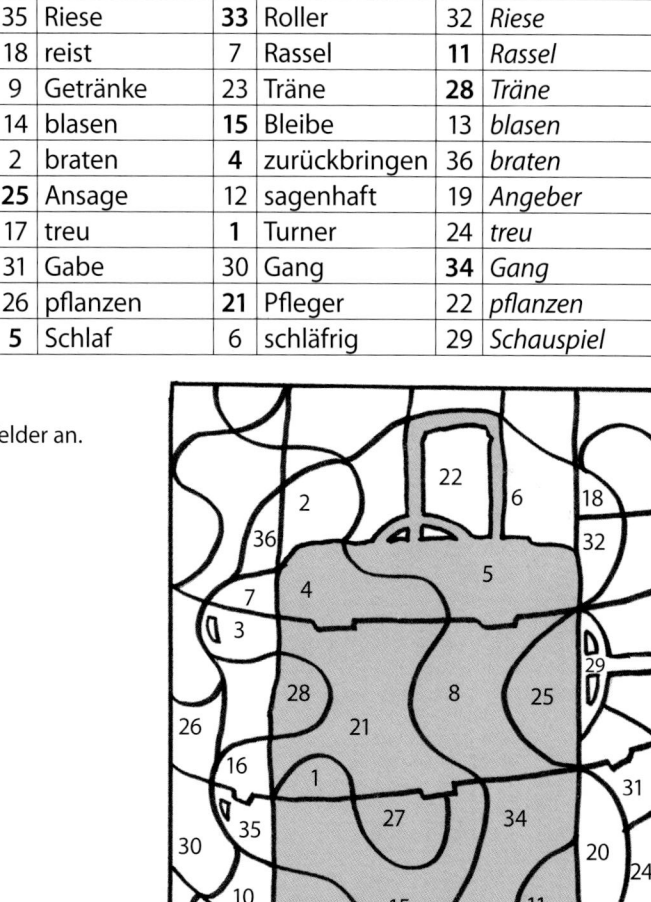

Wortfamilien – Verschiedene Wortfamilien (2)

1. Welche Wörter in jeder Zeile gehören zu einer anderen Wortfamilie? Schreibe diese Wörter auf.

hörbar	32	hoch	26	Gehör	25	hoch
Kauffrau	19	kaufen	16	kauen	3	kauen
gelegen	6	Länge	11	liegen	18	Länge
bunt	13	Buntheit	29	Beutel	36	Beutel
klein	1	Kleidung	20	verkleiden	9	klein
Wartung	21	Wald	24	gewartet	28	Wald
bellen	22	Vorbild	8	bildlich	4	bellen
Land	30	lebst	15	Erlebnis	34	Land
Spardose	14	sparsam	2	Spargel	35	Spargel
Dunkelheit	33	donnern	31	dunkel	17	donnern
wollig	5	wohnen	12	Bewohner	10	wollig
enger	23	Enge	7	endlich	27	endlich

2. Male die Lösungsfelder an.

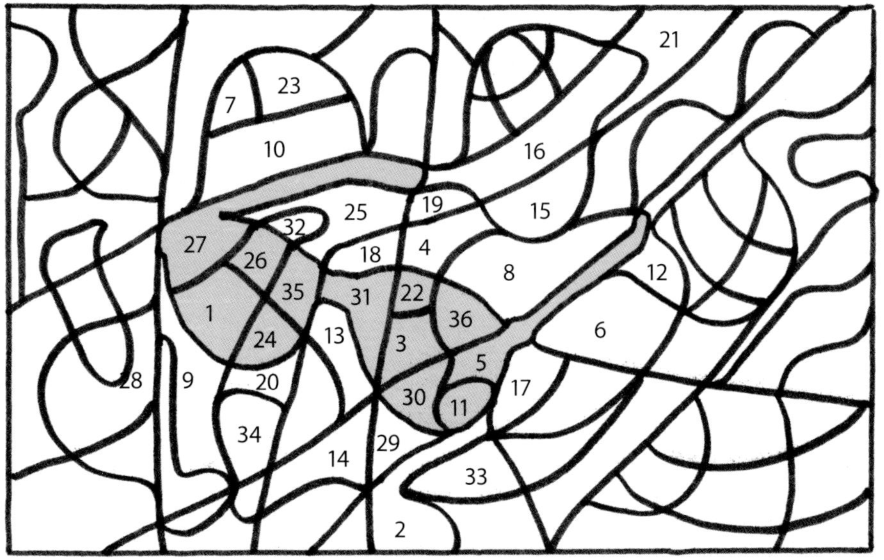

Seite 27

Gegensatzwörter oder sinnverwandte Wörter?

Sinnverwandte Wörter gehören zum gleichen Wortfeld

1. Wozu gehören die Wörter?

	Gegensatz- wörter	sinnverwandte Wörter		Gegensatz- wörter	sinnverwandte Wörter
schief – schräg	17	**41**	ziehen – drücken	**22**	33
Berg – Tal	**45**	11	krumm – gebogen	5	**10**
fliegen – gleiten	28	**16**	verlieren – finden	**18**	36
leer – voll	**37**	32	reden – schweigen	**29**	8
schimpfen – meckern	40	**6**	See – Teich	21	**43**
nass – trocken	**12**	27	Zwerg – Riese	**4**	25
natürlich – künstlich	**20**	44	erhellen – verdunkeln	**30**	15
sagen – erzählen	7	**1**	klettern – kraxeln	9	**46**
rätseln – raten	23	**47**	wenig – viel	**34**	38
frieren – schwitzen	**2**	13	rennen – flitzen	26	**48**
wählen – aussuchen	31	**39**	fremd – bekannt	**42**	3
faul – bequem	35	**24**	mager – dünn	14	**19**

2. Male die Lösungsfelder an.

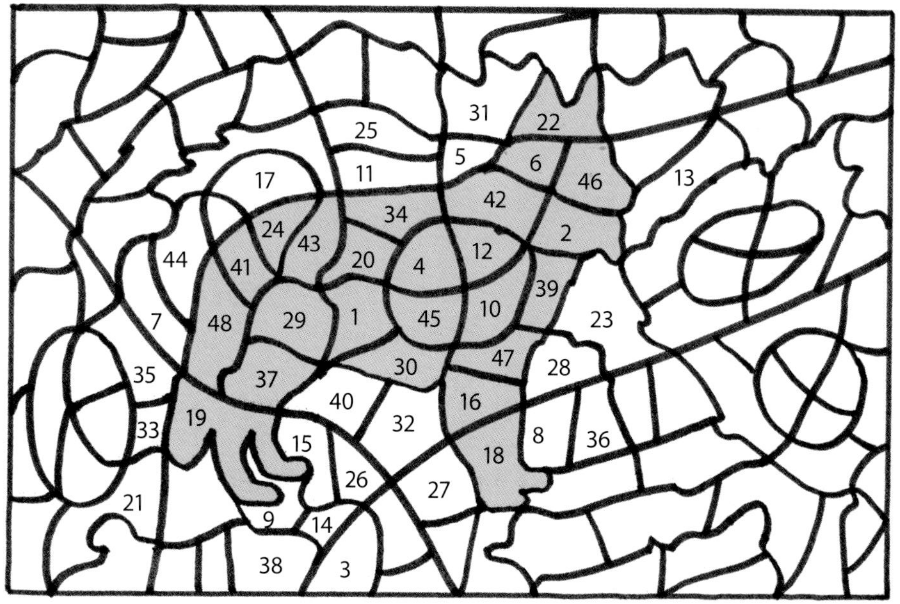

Seite 28

Wortfelder – Verschiedene Wortfelder (1)

1. Welches Wort in jeder Zeile gehört zu einem anderen Wortfeld? Schreibe die Wörter auf, die nicht zu dazugehören.

Kamerad	33	Vogel	**26**	Freund	20	*Vogel*
backen	**18**	fangen	36	jagen	6	*backen*
kühl	13	kalt	7	kräftig	**17**	*kräftig*
schlau	8	schwierig	**2**	klug	3	*schwierig*
entwenden	23	stehlen	12	bauen	**24**	*bauen*
leuchten	**29**	flattern	35	fliegen	28	*leuchten*
Furcht	32	Lohn	**19**	Angst	11	*Lohn*
krachend	1	laut	14	wichtig	**30**	*wichtig*
Ort	16	Urlaub	**31**	Platz	4	*Urlaub*
mixen	**25**	verspotten	21	auslachen	15	*mixen*
Freude	9	Vorfahrt	**5**	Vergnügen	22	*Vorfahrt*
blicken	**34**	streiten	27	zanken	10	*blicken*

2. Male die Lösungsfelder an.

Seite 30

Wortfelder – „lügen"

1. Welche Wörter gehören zum Wortfeld „lügen"?

jaulen	13	strahlen	7	beschwindeln	**23**	*beschwindeln*
flitzen	**34**	erdichten	**1**	weinen	20	*erdichten*
bluffen	**27**	anziehen	12	verspotten	15	*bluffen*
tragen	9	erfinden	**19**	aufsetzen	25	*erfinden*
verfälschen	**36**	hasten	29	grinsen	10	*verfälschen*
plärren	2	schelten	16	verzerren	**30**	*verzerren*
tadeln	26	betrügen	**21**	lachen	32	*betrügen*
schielen	6	zanken	3	spinnen	**28**	*spinnen*
täuschen	**22**	plaudern	24	flüchten	18	*täuschen*
stiefeln	17	verdrehen	**8**	starren	4	*verdrehen*
abstreiten	**31**	spähen	14	abbeißen	**11**	*abstreiten*
wimmern	33	schlendern	**5**	flunkern	**35**	*flunkern*

2. Male die Lösungsfelder an.

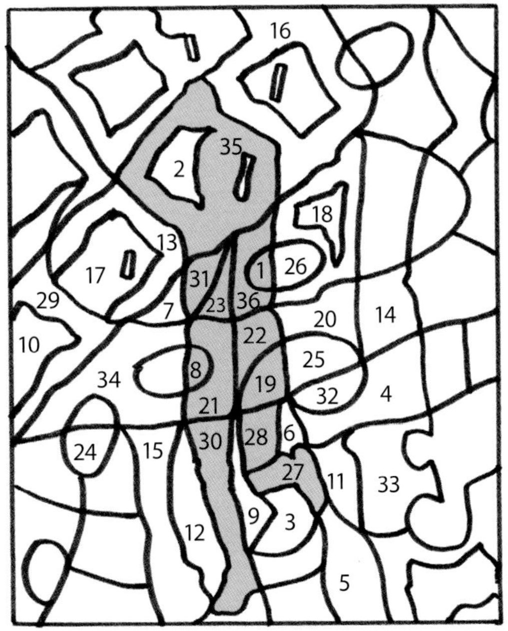

2. Erkläre, was die einzelnen Wörter des Wortfeldes „lügen" genau bedeuten.

Seite 29

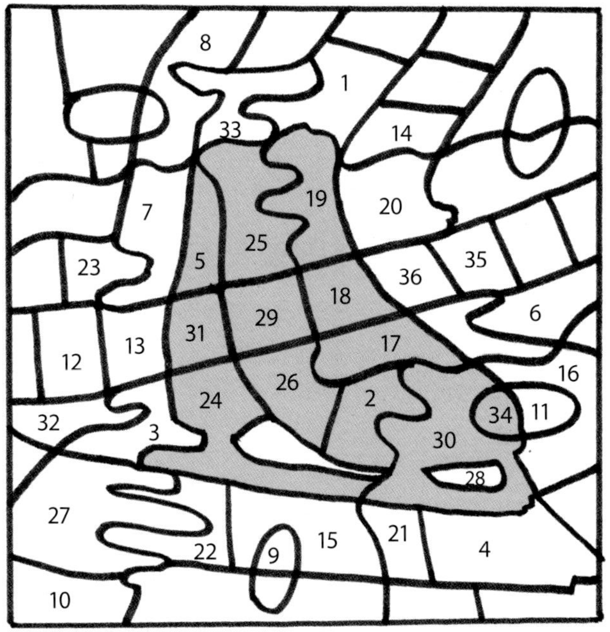

Bd. 425. Heiner Müller: Sprache untersuchen/Klasse 3
© Persen Verlag GmbH, Buxtehude

Zu einem Wortfeld gehören Wörter mit gleicher oder ähnlicher Bedeutung.

Wörter einer Wortfamilie haben einen gemeinsamen Wortstamm.

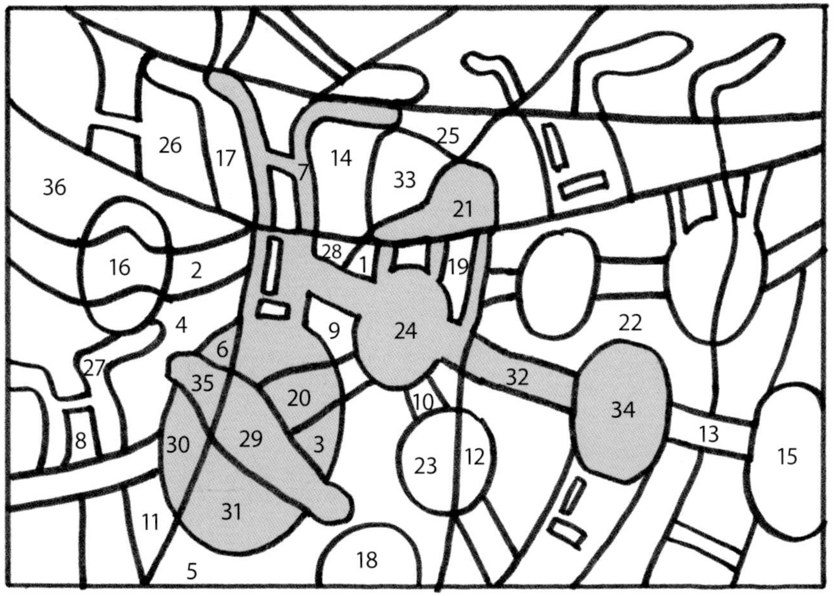

Wortfamilie oder Wortfeld?

1. Gehören die Wörter zur gleichen Wortfamilie oder zum gleichen Wortfeld?

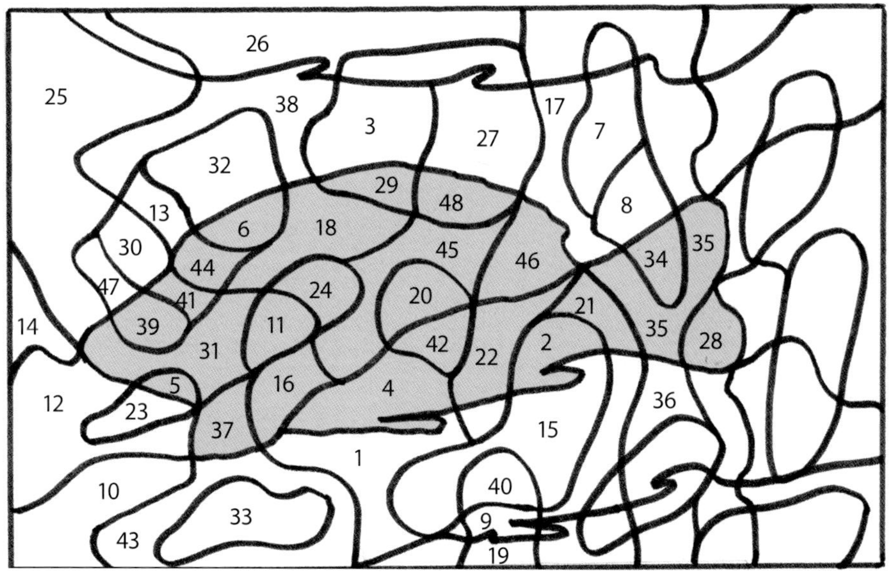

		Wort-familie	Wort-feld
1.	runden – rund	39	30
2.	kalt – frostig	12	46
3.	böse – frech	23	35
4.	eckig – Ecke	20	1
5.	putzen – säubern	32	11
6.	Hilfe – geholfen	2	15
7.	blank – blinken	48	3
8.	hoch – riesig	27	29
9.	schwingen – Schwung	4	40
10.	stürzen – stolpern	43	24
11.	lautlos – lautieren	16	33
12.	schlau – klug	10	37
13.	schön – hübsch	17	28
14.	rutschen – rutschig	21	8
15.	lauschen – horchen	7	34
16.	arbeitsam – arbeiten	44	38
17.	dreckig – verdrecken	42	13
18.	töricht – unklug	47	6
19.	knackig – knacken	22	25
20.	heiß – warm	14	45
21.	denken – grübeln	36	18
22.	Breite – verbreitern	5	26
23.	salzen – salzig	41	9
24.	ächzen – stöhnen	19	31

2. Male die Lösungsfelder an.

Seite 32

Wortfelder – Verschiedene Wortfelder (2)

1. Welches Wort in jeder Zeile gehört zu einem anderen Wortfeld? Schreibe die Wörter auf, die nicht zu dazugehören.

klettern	32	schreiben	22	kritzeln	15	klettern
beobachten	13	schalten	31	sehen	4	schalten
waschen	6	schützen	5	beschirmen	9	waschen
klingeln	23	läuten	12	wählen	3	wählen
zügig	14	neu	21	schnell	33	neu
knapp	17	eng	2	grün	29	grün
Schrank	30	Tür	27	Pforte	16	Schrank
vermögend	36	reich	8	krank	20	krank
Dunst	18	Monat	35	Nebel	25	Monat
Muster	1	Beispiel	19	Wind	34	Wind
sandig	7	betagt	10	alt	28	sandig
sprechen	26	stellen	24	bemerken	11	stellen

2. Male die Lösungsfelder an.

Seite 31

Ortsangaben und Zeitangaben (1)

1. Was sind das für Angaben?

	Ort	Zeit			Ort	Zeit
1. neben dem Stuhl	**16**	39	13. stundenlang	25	**4**
2. seit Tagen	27	**5**	14. beim Friseur	**17**	33
3. daneben	**34**	10	15. vorher	3	**24**
4. mittags	23	**31**	16. im Frühling	20	**30**
5. auf dem Parkplatz	**1**	36	17. links	**9**	43
6. unter der Tanne	**40**	15	18. heute	45	**38**
7. dauernd	19	**47**	19. in der Halle	**13**	29
8. nirgends	**42**	11	20. zukünftig	2	**21**
9. am Nachmittag	6	**48**	21. beim Supermarkt	**35**	8
10. übermorgen	26	**22**	22. etwas später	7	**41**
11. am Baum	**12**	37	23. auf dem Marktplatz	**28**	14
12. niemals	32	**44**	24. dort	**18**	46

2. Male die Lösungsfelder an.

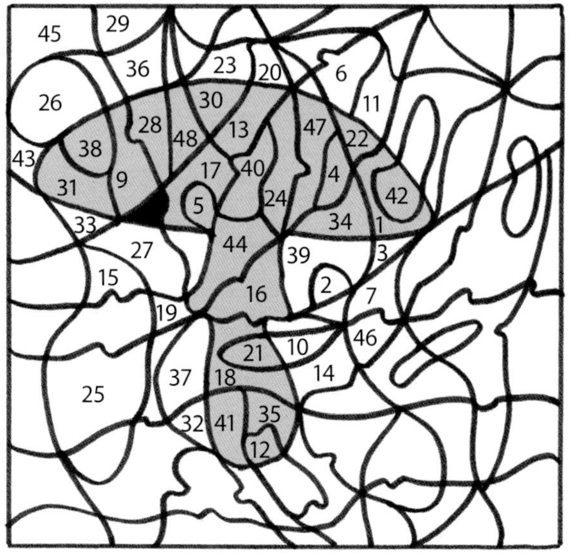

3. Wie fragt man
a) nach der Ortsangabe?   b) nach der Zeitangabe?

4. Schreibe zuerst alle Ortsangaben, dann alle Zeitangaben in dein Heft!

Seite 33

Ortsangaben und Zeitangaben (2)

Nach einer Ortsangabe fragt man: Wo? Woher? Wohin?

Nach einer Zeitangabe fragt man: Wann? Wie lange? Wie oft?

1. Ortsangabe oder Zeitangabe? Bestimme!

	Ortsangabe	Zeitangabe
Jeden Winter machen die Hubers Skiurlaub.	14	**5**
Sie fahren alle ins **Erzgebirge**.	**8**	20
Dort laufen sie gerne Ski.	**2**	23
Um 10 Uhr besteigen sie den Lift.	10	**17**
Den ganzen Tag betreiben sie Langlauf.	6	**12**
Eine Notverpflegung muss **bis zur ersten Hütte** reichen.	**21**	1
Fast immer treffen sie andere Skiläufer.	16	**19**
Ihre Mittagspause dauert **ungefähr eine Stunde**.	13	**7**
Sie laufen gemeinsam **auf dem Höhenweg**.	**11**	3
Unterwegs sehen sie noch weitere Skiläufer.	**24**	15
Diese kommen aus **allen Himmelsrichtungen**.	**4**	9
Am Abend sind sie erschöpft, hungrig und müde.	18	**22**

2. Male die Lösungsfelder an.

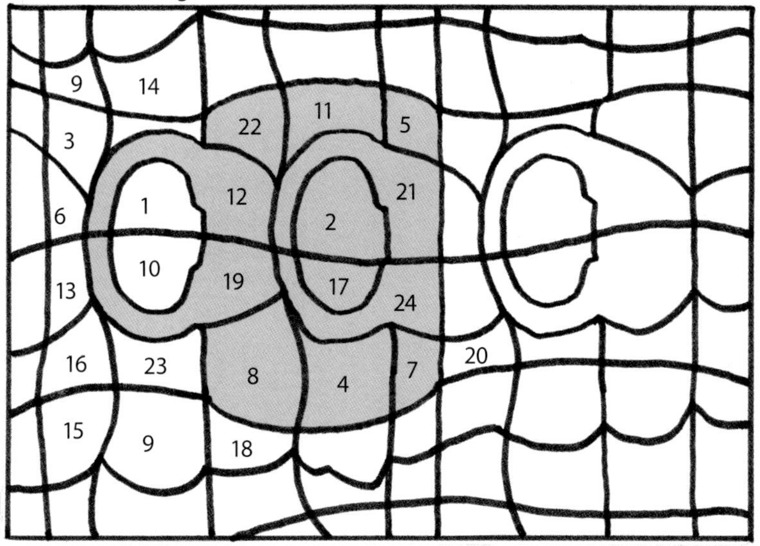

3. Schreibe die Fragen nach den Satzteilen in dein Heft, z.B.: Wann machen die Hubers Skiurlaub? …

Seite 34